MATEMAS
II

Jacques-Alain Miller

MATEMAS

II

MANANTIAL

TRADUCCIÓN

Irene Agoff: Un viaje a las islas; Introducción a las paradojas del pase; Lacan clínico: H_2O; A propósito de los afectos en la experiencia analítica: $\sum(x)$; Algunas reflexiones sobre el fenómeno psicosomático.

Graciela Brodsky: Seminario: La lógica del significante (con establecimiento del texto, versión no revisada por el autor); S'truc dure.

Carlos A. de Santos: La sutura.

Juan C. Indart: Matriz: U o "No hay metalenguaje".

150.195   Miller, Jacques-Alain.
MIL   Matemas II .- 2ª. ed 3ª. reimp. – Buenos Aires :
           Manantial, 2003.
               181 p. ; 20x14 cm.- (Los ensayos)

           Traducción de: Carlos A. de Santos y otros.

           ISBN 950-9515-28-0

           I. Título – 1. Psicoanálisis

© De esta edición y de la traducción al castellano,
Ediciones Manantial SRL, 1988
Avda. de Mayo 1365, 6º piso,
(1085) Buenos Aires, Argentina
Telefax: (54 11) 4383-7350 / 4383-6059
E-mail: info@emanantial.com.ar
www.emanantial.com.ar

Segunda edición, corregida: 1990
Reimpresiones: 1991, 1994, 2003

ISBN 950-9515-28-0

I
LA LOGICA DEL SIGNIFICANTE

FUENTES
"La lógica del significante", seminario dictado en septiembre de 1981, en el
Reencuentro de Buenos Aires, inédito; "La sutura", *Cahiers pour l'analyse*,
1/2, Societé du Graphe, París, 1996; "Matriz", *Ornicar?* , N° 4, Le Graphe,
París, 1975; "U o 'no hay metalenguaje'", *Ornicar?* , N° 5, Le Graphe, París,
1975; "Un viaje a las islas", *Ornicar?* , N° 19, Lyse, París, 1979; "S'truc dure",
Pas tant , N° 8-9, *Decouverte freudienne*, Toulouse, 1985.

LA LOGICA DEL SIGNIFICANTE
1ra. conferencia

1. La lógica del significante

Es la primera vez que tomo la palabra en Buenos Aires y es para mí un placer, pues aunque sin duda ustedes no lo saben, Buenos Aires es en París una ciudad legendaria como ciudad lacaniana y me siento contento de poder constatarlo con mis propios ojos.

Es también la primera vez que hablo en público después de la muerte de Jacques Lacan. Aquí, a lo largo de esta semana de trabajo, tendré que experimentar qué es hablar, trabajar, pensar, después de la muerte de Lacan.

El título de este seminario "La lógica del significante", no fue de mi elección. Por el contrario, responde a la elección de los miembros de una Comisión de organización que los representaron ante mí, a quienes les agradezco el trabajo realizado.

Acepté este tema pues me trae buenos recuerdos: bajo esa bandera entré en la enseñanza de Lacan. Para ustedes, empero, representa al parecer ciertas dificultades pues es un punto de encrucijada en la enseñanza de Lacan. Quizá es el único tema a partir del cual se puede obtener, si no una vista panorámica de su enseñanza, al menos una visión transversal de la misma, diría en toda su extensión.

Esta ventaja tiene un precio: las significaciones comunes del psicoanálisis, ésas gracias a las cuales reconocen que se les habla de psicoanálisis, están poco presentes cuando se habla de este tema. Si se les habla del Edipo, de la histeria, de la pulsión o del falo, están habituados a pensar que se les habla de psicoanálisis. En cambio, tratándose de la lógica del significante no están habituados a pensar que está relacionada con el psicoanálisis.

Supongo, ya que me han pedido que hable de este tema, que confían en que se relaciona con la experiencia psicoanalítica y que puede, a veces, aclararla.

Dispongo de cuatro reuniones y no me hago ilusiones sobre el terreno que puedo cubrir durante las mismas. No me propongo hacer un tratado de lógica del significante sino darles algunos atisbos de la misma en ciertos puntos. Esto es lo que le conviene a esta lógica, dar algunos atisbos, pues no forma un cuerpo homogéneo; no es una disciplina. Diré, sin temor, que la lógica del significante parasita la lógica matemática –y exige que se tengan algunas nociones de lógica matemática– incluso hurga en sus basureros.

Lógica del significante como sintagma es un verdadero pleonasmo. Hablando estrictamente, sólo hay lógica del significante; toda lógica implica en sí misma una desvalorización del significado; por esta razón una formación lógica, en el sentido de Lacan, le es indispensable al psicoanalista.

La desvalorización del significado que implica toda lógica se observa ya en la lógica antigua, se observa desde los albores de la lógica. Sin embargo, dicha lógica antigua, allí reside su diferencia con la nuestra, sigue aún atada a la gramática y, por ende, atada a la lengua, a la lengua hablada.

Debe llamarse lógica en su sentido estricto –en este punto la posición de Lacan es la del lógico matemático– a aquella que realizó su escisión respecto a la gramática. Esto hace que se justifique hablar de lógica sólo a partir de Boole.

La teoría de Aristóteles que, unida a la de Freud, es una de las lecturas más importantes de Lacan, no la borró completamente pese a la formalización que entraña. Partió, en el fondo, de elementos simples, la demostración y la dialéctica, y gracias a ellos obtuvo ese efecto que se conoce bajo el nombre de silogismo.

La desvalorización del significado se aprecia ya en los ejemplos de los estoicos; esas reflexiones sobre temas tan importantes como "si es de día entonces es de día". Este ejemplo desde el punto de vista del significante es muy interesante y además no es obvio. La implicación "si...entonces" en sí misma sigue siendo sumamente interesante, cualquiera sea el valor intrínseco de significación de las proposiciones que se sitúan entre estas conectivas.

Tomemos otro ejemplo, más penoso y menos trivial, que Lacan enfatizó, esa pasión por hacer un silogismo con la muerte de Sócrates, que se repite a través de los siglos: "Sócrates es mortal". Esto es precisamente borrar lo que entraña de pasión la muerte de Sócrates, pues entre todos los hombres que son mortales sabemos que hay uno, Sócrates, que precisamente no murió por ser mortal. Freud también lo explica: los hombres no sólo mueren porque son mortales. Si no nos percatamos de ello nada podemos hacer con lo que se llama la pulsión de muerte. Al inscribir "Sócrates es mortal" en el silogismo se vuelve insignificante la pulsión de muerte; cosa que ocurre con todas las significaciones aprehendidas en la dimensión lógica.

¿Cuál fue la novación introducida cuando puntué esa expresión de Lacan de lógica del significante, que hasta entonces había pasado totalmente desapercibida?

Hasta mediados de la década del '60 parecía que Lacan acentuaba sobre todo la lingüística moderna de esa época, es decir la lingüística saussureana, como ideal de las ciencias humanas. Esta idea la había traído Lévi-Strauss de su estadía en los Estados Unidos durante la guerra, donde la había tomado de los cursos de Jakobson a los que asistió. Lacan, en una primera época, inscribió al psicoanálisis en este surco. Evidentemente, esta inscripción no fue masiva, pues mantuvo también al psicoanálisis en relación con la fenomenología y no dejó de referirse, en forma precisa, a Heidegger. Esto ya nos indica que la posición de Lacan en la cultura contemporánea era más bien única y a la vez para nada sincrética. Necesitaba todos estos materiales para construir la autonomía del discurso analítico; en este sentido es estructuralista.

La preferencia por la lingüística es comprensible si pensamos que Lacan dijo que el inconsciente está estructurado como un lenguaje y que se supone que la lingüística es la ciencia del lenguaje.

"La lógica del significante", a pesar de su pleonasmo, anunciaba que la lógica no interesa menos al psicoanálisis. La diferencia entre lógica y lingüística es que la lógica no pretende tomar en cuenta los efectos del significado; se ocupa del significante puro, es decir, del significante en tanto que no quiere decir nada. Esta es una definición de base de la obra de Lacan y es, por otra parte, lo que hizo que la cibernética fuese de entrada una referencia esencial de su discurso. Fue el primer modo en que intentó hacer comprender que el deseo inconsciente es inmortal, cuando dio el ejemplo de los mensajes que giran en la máquina cibernética y que no tienen, en sí mismos, el principio de su detención.

Observarán que el retorno a Freud no es meramente un retorno a las fuentes, a los textos, sino una reactualización por parte de Lacan del conjunto de referencias freudianas y, si hay una referencia ausente en Freud, ella es precisamente la referencia lógica. Ausencia tanto más llamativa si tenemos presente hasta que punto la Viena de Freud bullía de referencias lógico-matemáticas. Basta recordar lo que la historia denominó Círculo de Viena. Al parecer, según me dijo Kreisel, el lógico, Freud tenía en su diván a la hermana de Wittgenstein, quién no logró despertar su interés por el positivismo lógico.

Precisamente, por no tomar en cuenta los efectos de significado, la lógica vuelve mucho más puro el efecto de sujeto que, al mismo tiempo, desconoce, reprime y, para retomar un término que parece haber perdurado en la memoria, sutura. Puede decirse pues que la lógica del significante es un estudio del efecto de sujeto en psicoanálisis.

La lógica del significante tiene un interés electivo por las paradojas de la lógica matemática. Lo que marcó su punto de partida fue una catástrofe, la de enfrentar una paradoja. Poincaré decía, Lacan lo evocaba, "la lógica matemática no es estéril, engendra paradojas".

La paradoja es el primer resultado del esfuerzo moderno de la lógica matemática por pensar al significante por sí solo, como sin efecto; un primer resultado del esfuerzo por darle al campo del significante una coherencia total. Este esfuerzo tropezó de inmediato con dos desgarraduras. En primer término, el esfuerzo de Frege, quien mientras realizaba la última revisión a su "Tratado", que ya estaba en prensa, recibió la noticia de que eso no caminaba en una carta de Bertrand Russell. En otro campo, en el momento en que Hilbert afirma su proyecto metamatemático destinado a dar una consistencia global a la matemática, éste es, diría, ridiculizado por el descubrimiento de Kurt Gödel.

Estas dos desgarraduras aún no han sido reparadas; desde entonces sabemos que estamos destinados en el orden del significante a un saber disperso; sabemos que la totalización en este ámbito fracasa. Estos dos hechos que se producen a treinta años de distancia entre sí, no son contemporáneos del psicoanálisis por casualidad; pues se trata en ambos casos de un mismo tejido.

Esto también muestra que hay algo nuevo. Lacan lo usó al inicio de su enseñanza precisamente para mostrar que hay algo que no es enseñable (el inconsciente estructurado como un lenguaje, pese a que se imagina exactamente lo contrario, le da su lugar a lo imposible de decir, es desde allí desde donde lo imposible de decir puede recibir su estructura), encuentra su referencia en el Seminario II en el *Menón* de Platón, donde éste sitúa a la verdad que resiste al saber.

En el fondo, Gödel vuelve a adquirir lo mismo, pero con una construcción significante que es una proposición rigurosamente verdadera pero al mismo tiempo indemostrable. El teorema de Gödel ayuda a entender de qué se trata el inconsciente de Freud.

Quisiera advertirles acerca del peligro de considerar al psicoanálisis como una suerte de lógica del significante aplicada. Su única función es la de disciplina de la asociación libre.

Para Lacan la lógica matemática es la ciencia de lo real porque, más allá de las articulaciones lógicas, permite captar qué quiere decir lo imposible. Lo imposible tiene como referencia siempre una articulación significante y el único indicio de lo real es precisamente lo imposible.

Agregaré, para finalizar esta introducción, que numerosos conceptos de Freud sólo encuentran su equilibrio en Lacan a partir de la lógica del significante. Ya se trate del concepto freudiano de identificación o del concepto freudiano de repetición, nada se puede captar sobre ellos sin la lógica del significante y su cuestionamiento del principio de identidad. En lo tocante al deseo, que en su sustancia no es nada, sólo tenemos posibilidad, si no de aprehenderlo, por lo menos de seguir su huella a través de los rodeos y argucias de la lógica del significante.

2. *"Nada es todo"*

El punto de partida más simple es el significante de Saussure. Saben, supongo, que ya los estoicos se habían percatado de la diferencia entre el significante y el significado. Es Saussure, sin embargo, quien aísla ese significante paradójico que es el significante que no significa nada. Hay allí una paradoja, pues su nombre mismo parece entrañar que sostenga y ayude a significar.

En psicoanálisis, la invitación a la asociación libre sólo se sostiene en el hecho de confiar en que "el significante no significa nada", se confía en él para que signifique cualquier cosa. Esto se verifica. Confiando en el significante que no significa nada se encuentran las significaciones mas esenciales de lo que se suele llamar "la vida humana".

Lacan localizó en la experiencia analítica el operador maravilloso que permite que el significante que no significa nada se ponga a significar cualquier cosa. Ese operador es lo que llamó el sujeto supuesto al saber, el que no sabe nada, pero basta con que opere en la experiencia analítica para que, milagrosamente, cuanto menos algo significa algo, más significa algo. Esta es una operación propiamente lógica en la que se verifica que el significante crea por sus permutaciones, como dice Lacan, el significado.

Pero esto no es el acabose de la cuestión. El acabose es que decir todo conlleva en sí mismo una pérdida. Al respecto hay una oposición fundamental, estructural, entre el significante y el todo. Freud se percató de ello a su modo al situar, más acá de todas las represiones que pueden ser levantadas en la experiencia analítica, a la represión originaria; la cual nunca podía ser levantada. Desde ese lugar "más acá" ella imanta, atrae la constelación de las represiones secundarias que el análisis libera. Saben también que al final de *La interpretación de los sueños* sitúa esa función misteriosa del ombligo del sueño, el punto que siempre estará más acá de toda interpretación; que hace que ella pueda continuarse indefinidamente sin desembocar más que en ramificaciones siempre complejas.

Esta función de la represión primaria puede ser enfocada a partir de los razonamientos más elementales que toman en serio el significante de Saussure. Intentaré mostrárselos ahora.

El punto de partida propio de Saussure en relación al significante reside en que éste es en sí mismo un elemento diferencial, lo que se llama el principio diacrítico del significante. El significante sólo se plantea oponiéndose a uno o dos significantes diferentes. La única existencia de ese significante es esa oposición en sí misma. Se trata de un elemento que no tendría ninguna consistencia propia y que sólo existiría por su diferencia con otros elementos del mismo tipo. Es pues un elemento no sustancial, que no puede ser descripto por sus propiedades intrínsecas, sino tan sólo por diferencia. Entonces es un elemento no sustancial sino diferencial. Saussure dice que la lengua no es sustancial, que está hecha solamente de diferencias y, por ende, hablar no es una actividad sustancial sino un propulsarse en un campo de diferencias.

Esto produjo en el estructuralismo una pasión por el sistema, ya que los elementos sólo pueden aprehenderse en su situación mutua, sólo pueden aprehenderse en la relación sistemática y global que mantienen entre sí. Podría decir que desde este ángulo el estructura-lismo se presentó como un "todismo".

Lo propio de Lacan es haber diferenciado e incluso mostrado la oposición esencial que hay entre la estructura y el todo. No hay que pensar que el no-todo a partir del cual ubica la sexuación femenina sea una novedad reciente de Lacan. El no-todo es un principio que es-tá presente desde el inicio de la enseñanza de Lacan, aun cuando no esté nombrado como tal, y que es esencial para delimitar el concepto lacaniano de la estructura.

Partimos pues del campo del significante y admitimos, pero radi-calmente, que el único principio de la diferencia de sus elementos constitutivos, el único operador del que disponemos es "diferente de"; podemos también considerarlo como el único predicado del que dis-ponemos. Es un predicado binario, pues para que pueda funcionar en nuestra lógica se necesita un término anterior y uno posterior: x es di-ferente a y.

Saben que cuando hay un conjunto de objetos o elementos y cuan-do se define una operación con ese conjunto de elementos pueden ocurrir dos cosas: o bien el resultado de la operación es de igual na-turaleza que los elementos que forman parte del conjunto o bien su naturaleza es diferente. Tomemos un ejemplo simple, un conjunto ce-rrado o estable para determinada operación. Tomemos como campo de partida los números enteros naturales, si hacen operar en ellos la adición, tienen como único símbolo +. La hacen operar y obtienen siempre números enteros naturales. Puede decirse que el conjunto de los números enteros naturales es estable para la operación de adición.

Si en lugar de usar la adición usamos la sustracción nos enfrenta-mos con un problema, pues obtenemos como resultado algo que ya no es un entero natural: un número negativo. Por lo tanto, el campo de los enteros naturales no es estable bajo la operación de sustracción. La cuestión reside en saber si es un monstruo o si hay que extender el dominio inicial de los objetos.

Un significante como éste produce enormes problemas en lo que se llama la historia del pensamiento humano. Pues bien, nos encon-tramos con números negativos o con números que implican decima-les, con números que nunca terminan, que son diferentes infraccio-nes al punto de partida inicial del pensamiento. No hablemos de los problemas que suscita la $\sqrt{2}$ o más aún la $\sqrt{-1}$; ellos son las crisis que el significante le causa al pensamiento.

Ven que a partir de la definición de un grupo de elementos y de aplicar sobre éste determinadas operaciones surgen, regularmente, objetos imposibles, absurdos, que obligan a cambiar la definición inicial del objeto.

Todo un esfuerzo, que se cree filosófico en Lacan, consiste en extender en forma metódica el dominio de los objetos admitidos en psicoanálisis, precisamente porque la experiencia con la asociación libre, con el significante, determinó el surgimiento de objetos imposibles, nuevos, absurdos respecto a los criterios de la existencia. Hizo surgir, por ejemplo, un sujeto que se identifica y no a una única cosa sino a veces a muchas. Para que un sujeto pueda identificarse hay que admitir que dicho sujeto tiene una falla en su principio de identidad. El sujeto freudiano, en tanto sujeto que se identifica, no puede ser el yo = yo (*moi = moi*) del que Fichte hacía el alfa de la filosofía. No es pues filosofar el hecho de que Lacan intente extender el dominio de los objetos engendrados a partir de la operación analítica. Esto es aún muy general.

Tomo como punto de partida cuatro elementos *a, b, c, d,* que son constantes, y una única operación que es la diferencia. Supongo que escribí así el principio diacrítico de Saussure. Elementos *a, b, c, d.* Operación: ≠. En este campo muy elemental de significantes ¿cómo puedo definir un elemento? Basta para definir *a*, que escriba su diferencia con *b*: *a ≠ b*, su diferencia con *c, a ≠ c* y su diferencia con *d, a ≠ d*. Lo mismo vale para los otros tres obviamente.

$$a \neq \begin{pmatrix} b \\ c \\ d \end{pmatrix} \qquad b \neq \begin{pmatrix} a \\ c \\ d \end{pmatrix} \qquad c \neq \begin{pmatrix} a \\ b \\ d \end{pmatrix}$$
$$\quad A \qquad\qquad B \qquad\qquad C$$

Gracias a este símbolo ≠ puedo definir en mi campo inicial cuatro subconjuntos; cada uno de ellos define un elemento del dominio inicial. Lo curioso es que no tengo el medio, a partir de estos datos iniciales, para construir el dominio inicial que yo tenía. Siempre me falta un elemento, un subconjunto definido en relación a mi conjunto inicial. Me veo obligado a constatar, por ende, que nunca puedo tener el conjunto exhaustivo de mis elementos, que hay una distancia entre el conjunto inicial y los diferentes todos que pueden definirse a partir de nuestra operación.

Si dispongo de la operación que en la teoría de las clases, ni siquiera en la de los conjuntos, se llama reunión, sí puedo obtenerlo. Tengo por un lado *bcd*, tengo *a*, y en su reunión tengo el conjunto inicial.

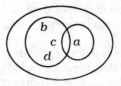

Pero, precisamente, si opero sólo con la operación diferencia no tengo el símbolo de la reunión. ¿Qué conclusión puedo sacar de esta observación que no consiste más que en radicalizar el principio saussureano? Constato que no puedo definir un todo, en el campo del significante, excepto a condición de que un significante no esté en él. A nivel basal obtengo la estructura de la excepción como esencial al campo del significante saussureano.

Este símbolo ≠, me permite definir otro símbolo. A partir del momento en que compruebo que hay cierto número de elementos que se diferencian de otros, puedo definir el símbolo de la pertenencia: ∈. Puedo decir que ser diferente de *a*, tal es el caso de *b*, *c*, *d*, es equivalente a pertenecer a un conjunto al que llamo A. Es lo mismo ser diferente de *a* que ser miembro del conjunto A. De este modo, uso este principio para todo *x*, ∀*x*, el hecho de que *x* sea diferente a *a* es equivalente a que *x* ∈ (pertenezca) al conjunto A. Esto permite hacer funcionar en mi campo del significante la teoría elemental de los conjuntos.

$$c\,b\,d \neq a \qquad b \in A$$
$$a \notin A \qquad c \in A$$
$$d \in A$$
$$\forall x,\, x \neq a \leftrightarrow x \in A$$

Esto puede ubicarlos en relación a esa enormidad que dijo Lacan una vez: "finalmente reduje el psicoanálisis a la teoría de los conjuntos" (hacia 1977-79). No puede tomarse totalmente en serio, pero permite captar cómo numerosas dificultades en la misma teoría analítica, a partir de ejercicios apenas más complicados que el que acabamos de hacer, pueden situarse.

Si estuviese en la teoría de la cuantificación llamada de segundo orden, la teoría de primer orden es aquella en la que nos contentamos con tener variables individuos en el lugar de $\forall x$, podría escribir algo más complejo como, por ejemplo, para todo conjunto existe al menos un elemento $\exists x$, tal que no forma parte de dicho conjunto. Cualquiera sea el conjunto que definí en el área de los objetos de mi campo, a partir del símbolo de la diferencia, hay al menos un elemento que no forma parte de él. Obtengo así una regla extremadamente general:

$$\forall E \quad \exists x, \; x \notin E$$

La paradoja es que pese a la sencillez de este procedimiento Lacan se presenta como un autor difícil, cuando hay páginas y páginas de Lacan que comentan esto, que no son más difícil que esto, basta con darse cuenta de ello.

Luego veremos cómo se pueden obtener relaciones más complejas entre el elemento y el todo.

Pueden, a partir de todo esto, comprender ese principio de Lacan que parece tan misterioso: "Nada es todo". La frase: "para todo conjunto hay al menos un elemento que no forma parte de él", traduce precisamente ese "nada es todo". Ello basta para escribir el derrocamiento del ideal del todo absoluto, si tomamos en serio el significante de Saussure. A la vez, se trata de un cristal significante que puede observarse según sus diferentes facetas. Por ejemplo, les da un principio de límite, pero es un límite que no es absoluto. Supongamos que realmente quisiesen llegar a hacer el gran todo con esos elementos, pueden hacerlo, simplemente en ese momento necesitan uno más, que esté por fuera. Este principio es un principio de límite absoluto, pero que no recae sobre ningún significante en particular, que recae sobre el significante en más como tal.

Esto ya nos da idea sobre un concepto de Lacan que éste denominó correlación antinómica, que figura una vez en sus *Escritos*. La correlación antinómica indica que estos dos elementos, el todo y el x que no forma parte de él, son indisociables y al mismo tiempo no se puede reabsorber ese elemento en el todo que captura. Tienen aquí pues dos polos que a la vez se llaman, son indisociables y que no pueden reabsorberse el uno en el otro.

Lo que llamé el uno en más estructural es, de hecho, lo que opera la totalización. Sólo si tienen un elemento en más pueden llegar a hacer un todo. En un sentido es el elemento en más el que opera la totalización. Reunir un conjunto de elementos no es poca cosa, para hacerlo es necesario precisamente un elemento en más. Esta es una de las primeras paradojas que la lógica matemática encontró en su camino.

3. "La división del sujeto"

Si tomamos ahora la cadena significante, vemos que la concatenación significante conlleva siempre la implicación de un significante en más, de otro significante que escapa como tal. Al segundo siguiente se habrá dicho lo que había que decir, sin embargo, el límite del decir habrá retrocedido igualmente. Pueden observar qué tontería es considerar que lo primariamente reprimido sería tal significante particular que no podría ser dicho o un inefable que escaparía estructuralmente al orden del lenguaje. El límite es mucho más flexible, mucho más fino. No existe nada que no pueda ser dicho, pero cualquier cosa que se diga y mientras se hable, el otro significante como tal sigue intacto. No se trata de ningún significante en particular sustancialmente, lo cual no impide que esté allí empujando, atrayendo hacia él a todos los demás.

Podemos decirlo de otro modo. Cualquiera sea el conjunto de significantes que delimiten siempre faltará uno. Lacan se divierte comentando este esquema a veces con el uno en más y otras habla de la falta. Pero la estructura de base sigue siendo la misma.

Si el inconsciente escapa, ello no se debe a que sea de naturaleza diferente a lo que el paciente llega a decir mediante la asociación libre. Esta es una idea loca, aunque escape no es de naturaleza estructuralmente diferente a lo que se dice. En este punto adquiere todo su valor la escritura elemental que Lacan propuso de la cadena significante: $S_1 - S_2$. Hay uno de ellos al que no podemos ponerle la mano encima al mismo tiempo que al otro. Esto no impide que ambos se escriban del mismo modo y que sólo se diferencien por su índice. Tardó años Lacan mismo en llegar a esta escritura, en darse cuenta de que podía abreviar lo que llamaba el discurso y reproducir en miniatura todas sus paradojas a partir de $S_1 - S_2$.

Es decir, a partir de la noción que implica el principio de Saussure de que el mínimo del significante es dos, porque el significante sólo se postula oponiéndose, no se puede reflexionar sobre un significante, siempre hay que reflexionar sobre al menos dos. $S_1 - S_2$ es, de hecho, el resumen en Lacan de la lógica del significante. También lo dice de este modo elegante: el significante representa un sujeto para otro significante. Esta es una definición para desternillarse de risa, porque define al significante por el significante mismo, que es lo que se llama habitualmente un círculo vicioso. Pero dice mucho, precisamente, dice que un significante sólo vale en relación a otro significante, aclarando que obviamente el término de valor debe ser definido. También puede decirse que el significante sólo existe en relación a otro significante, y esto justificaría esa escritura de Lacan que es la ex-sistencia, que quiere decir lo que queda fuera de otra cosa, lo que verificamos precisamente con ese uno en más que ex-siste al conjunto de los otros significantes.

¿Qué agrega la definición de significante de Lacan a la de Saussure? Agrega que no basta con imaginarse que un significante sólo vale para otro significante y que de este modo se forma una linda cadena que se transforma en collar. Verificamos, por el contrario, con nuestra estructura de la cadena significante que los dos significantes, que no pueden ser pensados por sí solos, no son equivalentes, que precisamente no son isótopos, es decir, que no pueden ser colocados en el mismo lugar, porque hay justamente una relación de exclusión entre el todo y el significante en más, no hay un lugar total que pueda reunirlos.

La suposición ingenua del estructuralismo grosero es precisamente que todos los significantes son isótopos; mientras que si se radicaliza el principio diacrítico de Saussure es palpable que hay una an-isotopía significante, que no hay un lugar total de los significantes.

Por eso Lacan utiliza a la vez la sigla A para nombrar el lugar en el que se podría creer están todos los significantes, y la sigla $\cancel{A}$ para marcar que ese lugar total de todos los significantes no existe o incluso que ese lugar total de los significantes conlleva una falta. La barra sobre la A se descifra de muchos modos.

En otros términos, tenemos aquí una relación de separación entre ese todo y el uno en más. En Lacan es variable el uno en más, a veces es el S_2 al que considera un conjunto de significantes en relación al que S_1 figura la excepción. A veces S_2 remite al saber inconsciente y S_1 se distingue, se separa de él o, al contrario, S_1 es múltiple. Por ejemplo, en *Aun*, Lacan escribe S_1 en forma homofónica como *essaims*, como enjambre y S_2 es el significante que hace la excepción. El interés de estos símbolos no reside en que siempre signifiquen lo mismo, sino que guardando relaciones lógicas estables quieren decir cosas diferentes.

Evidentemente, las consecuencias para ese famoso sujeto representado por el significante son importantes. Nuestra pequeña lógica, no del significante sino de significantes, conlleva que no existe en el lenguaje, en todo lo que puede decirse en todas las lenguas, un significante simple que podría por sí solo representar al sujeto, esto es también debido al hecho de que no existe el todo de los significantes. También es esto lo que hace durar al psicoanálisis –incluso indefinidamente. Freud se había percatado de ello, cuando entramos en la vena de la cadena significante según este principio no hay razón alguna para que eso se detenga a ese nivel. Por suerte, existe además otra función que no es ésta, que es la del objeto y la del fantasma que hace que exista una pequeña oportunidad de que eso se detenga por algo diferente a la fatiga. La cadena significante dura más tiempo que ustedes, que están limitados por su biología.

A ello se debe también que Freud dijese que el deseo inconsciente era inmortal, en la medida en que se encuentra enganchado a esta cadena significante no hay ninguna razón por la cual deba detenerse. Quizá por ello se imaginó que Lacan era inmortal, la insistencia de su deseo, unida a su avanzada edad, creaba para nosotros la idea de una duración indefinida.

La barrera que nos separa del significante para el que decimos lo que decimos está a la vez en todos lados y en ningún lado. Este principio es lo que Lacan llama la división constitutiva del sujeto. El sujeto está fundamentalmente dividido entre el significante que lo representa y el otro significante, anisótopo respecto al primero. Adquirimos así otro concepto complejo de Lacan: la división del sujeto. No abarca sin duda todo el tema, pero es una punta a partir de la cual pueden empezar a captarlo.

Como pueden observar hay que corregir el esquema que Lacan propone en "Instancia de la letra": $\frac{S}{s}$, pues no existe el S como universo total del significante; tenemos $S_1 - S_2$.

Podría, ahora, hacer surgir otras complejidades de nuestra pequeña lógica. Habría quizá otro modo de hacer entrar a a en este conjunto. Tengo b, c y d. Supongamos que fuerzo un poco las cosas porque quiero verdaderamente tener aquí todos mis elementos y no tener ninguno en más.

Puedo escribir aquí a, admitir a a como diferente de a ($a \neq a$). La bifurcación en la que estamos hace que para construir el todo del significante o bien necesito uno en más o bien debo admitir un elemento no idéntico a sí mismo.

$$a \quad \begin{matrix} \neq \\ \neq \\ \neq \\ \neq \end{matrix} \begin{pmatrix} a \\ b \\ c \\ d \end{pmatrix}$$

20

El famoso sujeto del que se trata, representado por un significante para otro significante, es precisamente un elemento de este tipo. Si Lacan escribe su sujeto con una barra, les invito a leerlo así. El yo (*moi*) igual yo (*moi*) de Fichte es algo de este tipo, un sujeto idéntico a sí mismo. El sujeto del que se trata en la lógica del significante es, en cambio, un sujeto diferente de sí mismo y ésta es la lectura que les propongo de esa barra: un sujeto que cumple esa función de un elemento no idéntico a sí mismo. Es esto, precisamente, lo que nos permite tener la ilusión del saber total que es, en el fondo, el sacrificio del sujeto que habita dicha ilusión.

Para concluir debo encontrar una pequeña escansión, lo cual no es fácil, pues una articulación lleva aquí a otra y se puede recorrer así toda la enseñanza de Lacan. Sin su médula, vale decir, sin su clínica. La hora me obliga a terminar. Para hacerlo y terminar con algo más cercano a la experiencia analítica, les diré que Lacan no escribe otra cosa sino el uno en más del universo de discurso, cuando propone esta sigla, de apariencia enigmática: S (Ⱥ). Esta es la escritura del significante en más del universo de discurso que no hay.

Se ve claramente qué implica la experiencia analítica de esta lógica del significante anisotópica. Uno no se analiza por sí solo. Para que pueda haber psicoanálisis es necesario que haya alguien que simule el aporte del significante en más; que desde un lugar distinto al de la asociación libre, donde se hace la concatenación significante, es necesario que desde otro lugar venga al menos un significante.

Esta operación S (Ⱥ) es lo que se produce cada vez que en sentido analítico hay una interpretación. Es ilusorio, sólo ex-siste de manera transitoria. La ilusión de que existiría una clave, una palabra última. Esto no es verdad. Por eso Lacan podía decir a veces que el psicoanálisis era una impostura. Lo es fundamentalmente porque en todo conjunto de significantes hay siempre al menos uno que falta. Sin embargo, cada vez que se produce la operación analítica que se llama la interpretación, su necesidad está determinada por esta lógica elemental que acabo de evocarles. La interpretación es una pseudo palabra última.

LA LOGICA DEL SIGNIFICANTE
2da. conferencia

En el seminario semanal, que realizo en París, uno se ve obligado a repetir, a resumir, a evocar lo que se dijo la semana anterior, ya que una semana de actividad les da tiempo a los asistentes de olvidar qué se dijo. Aquí, entre ayer y hoy, no creo que lo que dije haya tenido tiempo de evaporarse. No haré el sacrificio ritual habitual del resumen de la sesión precedente.

Me sorprendió al entrar ayer en una librería de la calle Florida, El Ateneo, encontrar la edición castellana de las *Obras Completas* de Gödel. Me impresionó además como un encuentro porque, según la información de que dispongo, debe ser la única edición en el mundo de las obras completas de Gödel, pues las mismas salieron en 1981. Es una recopilación que quise hacer hace diez años en Francia. Para comenzar quisiera rendir homenaje a esta edición de Alianza. He traducido y publicado a Gödel en *Cahiers pour l'Analyse* con la autorización de Gödel, quien aún vivía.

1. *La correspondencia Frege-Russell*

Les leeré una breve correspondencia, que creo no ha sido publicada ni en castellano ni en francés, correspondencia que marca una época, entre Russell y Frege. Me referiré luego a la construcción de la paradoja de Russell, complicando de este modo lo que obtuvimos ayer: la relación entre un todo y un elemento suplementario. Esta construc-

ción elemental les explica un axioma de Lacan: No hay proposición
universal que no se sostenga en una excepción que la niega. Una proposición universal es simplemente una proposición que comienza con
Todo...algo, ∀x. Esto es de la mayor importancia para la teoría de la
sexualidad de Lacan.

Les leo la carta, aún inédita, de Russell a Frege, está fechada el 16
de junio de 1902.

"Estimado colega:

"Conozco sus *Begriffsschrift* * desde hace un año y medio. Debí esperar hasta ahora para encontrar el tiempo necesario para el estudio
profundo que quería hacer de su obra. Estoy completamente de acuerdo con usted sobre los puntos esenciales y, particularmente, cuando usted rechaza de la lógica todo elemento psicológico..."

Un breve comentario. Este punto es esencial también para nosotros: el acuerdo en rechazar, en dejar fuera de la lógica formal todo elemento psicológico es lo que permite delimitar el elemento significante puro, que es lo que tienen en común el psicoanálisis y la lógica.

"...y cuando le da un gran valor al establecimiento de una ideografía..."

Una grafía es lo que permite precisamente el automatismo de la
formalización... Por los dos elementos que conocen, para la lógica de
la cuantificación, puedo usar este símbolo ∀x para decir "Para todo"
y ∃x para decir "existe al menos uno". Vía la ideografía llegamos a lo
que Lacan llama el matema.

"...para fundar la matemática y la lógica formal, las cuales pueden
difícilmente distinguirse."

Esta es la posición de Russell y de Frege, el logicismo, que supone
que hay adecuación entre matemática y lógica.

"Sobre muchas cuestiones encuentro en su obra discusiones, dis-

* *Begriffsschrift, einer der arithmetischen nachgebildete Formelsprache
des reinem Denkens* (1879). [N. de T.]

tinciones y definiciones que busco en vano en la de otros lógicos. Especialmente en lo que concierne a las funciones he llegado a conclusiones similares hasta en sus detalles.

"Hay tan sólo un punto en el que encontré una dificultad. Usted dice que una función puede también jugar el papel del elemento indeterminado."

Frege desarrolla la idea de una función que implica una variable indeterminada, que puede ser reemplazada por diferentes objetos. Esta idea, a la que volveremos, es esencial para la lógica formal. Tomo, por ejemplo, una frase cualquiera: Este hombre es moreno. Tienen el sujeto, el hombre, y el predicado, ser moreno. Pueden aislar el 'ser moreno' como función y hacer un agujero en el lugar donde está 'este hombre', lugar donde pueden inscribirse diferentes sujetos que son también morenos

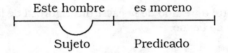

Este pequeño esquematismo es en sí mismo un descubrimiento. Los griegos no disponían de este tipo de escritura; que supone todo lo que puede abreviarse con la sola escritura de la función, con la variable se puede hacer entrar todo el universo. Supongamos que definimos como propiedad el hecho de ser idéntico a sí mismo a través del tiempo. Todos los objetos del mundo pueden ocupar el lugar de x: $F_{(x)}$. Si se niega esta propiedad también con este esquema puede construirse un universo entero. Russell le señala a Frege que en un punto de su construcción dice que puede ocurrir que la función misma ocupe el lugar de la variable $F_{(F)}$. "Yo creía eso antes, pero esta idea me parece hoy dudosa debido a la siguiente contradicción. Tenemos W, que es el predicado 'ser un predicado que no puede ser un predicado de sí mismo' ¿Puede W ser predicado de sí mismo? Para cada respuesta opuesta la otra se deduce. En consecuencia, debemos concluir que W no es un predicado. De igual modo, no existen clases como totalidad, clases que tomadas cada una como totalidad no pertenezcan a sí mismas. Concluí de esto que en ciertos casos una colección definible no forma una totalidad."

La sesión de hoy tiene como objeto explicarles todos los lineamientos de este problema. La carta concluye así:

"Estoy a punto de terminar un libro sobre los principios de la matemática en el cual quisiera discutir su obra de manera muy profunda. Poseo ya su libro y le agradecería mucho si pudiera usted enviarme separatas de sus artículos aparecidos en diferentes revistas. En caso de que eso fuera imposible los conseguiré a través de una biblioteca. El uso riguroso de la lógica para tratar cuestiones fundamentales con las que tropieza el simbolismo está aún muy atrasado, y su obra creo es lo mejor que se ha hecho en este tiempo y por eso me permito expresarle mi profundo respeto. Es realmente una lástima que no haya usted aún publicado el segundo volumen de sus *Grundgesetze der Arithmetik* *, espero que esto pueda todavía hacerse.

"Reciba, estimado colega, mis saludos.
"B. Russell"

Hay luego un agregado de la escritura rigurosa de la paradoja en el simbolismo de Peano.

Este es un acontecimiento que, evidentemente, no causó tanta conmoción como la bomba atómica, pero es una bomba atómica conceptual. Descubrir una contradicción en lo que pretendía dar la consistencia fundamental de todo pensamiento lógico en el momento en que Frege llega a la culminación de su obra, implica un desgarro sin límites; cuando conocemos las circunstancias, la amabilidad de Russell adquiere otro valor.

Les leo la respuesta de Frege que data del 22 de junio de 1902.

"Estimado colega:

"Le agradezco enormemente su carta tan interesante del 16 de junio. Me alegra saber que está usted de acuerdo conmigo respecto a numerosos puntos y que quiere conceder a mi trabajo un estudio profundo."

---

* *Grundgesetze der Arithmetik, begriffsschriftlich abgeleiter* (I, 1893; II, 1903). [N. de T.]

Tengan presente que Frege no era para nada reconocido en ese momento, que las principales universidades alemanas lo mantenían a distancia y sólo muy tarde, gracias a Russell, al positivismo lógico, adquirió gran notoriedad luego de su muerte.

"Respondiendo a su pedido le envío las siguientes publicaciones..." (Sigue una lista de separatas.)

Un hecho curioso es que menciona algo que atiza la imaginación de quienes estamos en el campo freudiano:

"Recibí un sobre vacío que pensé que usted me habría enviado, supongo que usted me habría querido enviar algo que se perdió accidentalmente. Si tal es el caso le agradezco su amable intención y le envío el sobre."

Nunca encontré nada más sobre este sobre vacío y su contenido, ni siquiera en las memorias de Russell.

"Cuando releo mis *Begriffsschrift*... me percato que sobre muchos puntos mis ideas han cambiado, como lo verá si lo compara con los *Grundlagen der Arithmetik* *."

Llegamos luego al cruel descubrimiento:

"Su descubrimiento de la contradicción me produjo la mayor sorpresa y casi diría la mayor consternación; conmueve efectivamente la base sobre la que esperaba construir la aritmética. Parece pues que la transformación que yo creía posible [...] no siempre está permitida, que mi regla número 5 es falsa y que mi explicación del párrafo 31 no basta para asegurar que mi combinación de signos tiene sentido en todos los casos. Tengo que reflexionar aun más sobre este tema. Esto es tanto más grave en la medida en que con la pérdida de mi regla 5 no sólo los fundamentos de *mi* aritmética, sino los únicos fundamentos posibles de la aritmética parecen desvanecerse. Sin embargo, creo posible que se planteen condiciones para la transformación que hagan que lo esencial de mi demostración permanezca intacto.

---

* *Die Grundlagen der Arithmetik, eine logischmathematische Untersuchung über den Begriff der Zahl* (1884). [N. de T.]

"Pase lo que pase su descubrimiento es muy llamativo y tendrá quizás como efecto el hacer avanzar en mucho a la lógica, por más inoportuno que pueda parecer a primera vista.

"Incidentalmente le señalo que la expresión 'un predicado es predicado de sí mismo' no me parece exacta [...]". Frege da otra formulación.

"El segundo volumen de las *Grundlagen der Arithmetik* deberá sin duda incluir un apéndice para dar cuenta de su descubrimiento, si encuentro el punto de vista necesario para hacerlo.

"Lo saluda a usted atentamente.

"G. Frege"

Les leo la carta de Russell a su editor en 1962.

"Me sentiría muy contento de que usted publicase la correspondencia entre Frege y yo, y le agradezco haber tenido la idea. Nada de todo lo que conozco en cuanto a honestidad y nobleza puede compararse con el modo en que Frege se dedicaba a la verdad. La obra de su vida estaba a punto de culminar, aunque sus trabajos hubiesen sido descuidados a favor de los de gente mucho menos capaz; su segundo volumen estaba a punto de publicarse y, sin embargo, cuando comprobó que su hipótesis fundamental era errónea, el placer intelectual sumergió en él todo sentimiento de decepción personal. Esta reacción casi sobrehumana es un ejemplo sorprendente de lo que son capaces los hombres cuando se consagran a la creación y al conocimiento en lugar de dedicarse, como de ordinario, a dominar y a hacerse conocer.

"Lo saluda atentamente.

"B. Russell"

Se trata de una de las más bellas correspondencias de una relación científica que existe. Es esta correspondencia lo que yo querría explicarles, su incidencia, sus fundamentos y, en el fondo, su relación absolutamente esencial tanto con la teoría lacaniana del sujeto como con su teoría de la sexualidad.

2. Conceptos de la Teoría de los Conjuntos

Elijo hacer el recorrido por algunos rudimentos de la teoría de los conjuntos para mostrar la coherencia lógica que hay en los fundamentos del descubrimiento de Russell, en ese pequeño lapsus que arruinó, de hecho, el trabajo de Frege, y para ello es necesario que los conduzca hasta la demostración del teorema de Cantor.

Partamos de la definición de Cantor, que es el creador de la teoría de los conjuntos. Para quienes leen inglés, acaba de aparecer la primera biografía verdaderamente completa de Cantor, escrita por Daubin, donde lo único que no desarrolla, aunque menciona extensamente, es algo que nos hubiera interesado a nosotros: las largas estadías de Cantor en las clínicas psiquiátricas.

Partamos de la definición verdaderamente elemental que da Cantor del conjunto en 1895: un conjunto es una colección que hace un todo de objetos definidos y distintos de nuestra intuición o de nuestro pensamiento. Los objetos son llamados los elementos o miembros del conjunto. Es la formalización de una intuición elemental. Hay objetos distintos y definidos. A partir de la colectivización de esos objetos se puede decir que sus elementos pertenecen al conjunto y que el conjunto contiene esos elementos. Veamos los distintos puntos de esta definición.

Es una colección que hace un todo. Se trata de objetos definidos, es decir que para cada objeto es posible decir si está adentro o afuera. En la teoría de los conjuntos no hay lugar para los objetos que lo están a medias, aunque haya actualmente en los Estados Unidos quienes estudian los conjuntos llamados "flou". Conocen el signo que marca que un elemento pertenece al conjunto: $x \in E$, lo que se dice entonces es que pertenece en un 5% o en un 10%. Fíjense que se ha producido un despliegue de la teoría de los conjuntos que permite incluso dejar de lado el principio del tercero excluido.

Para Cantor el conjunto debe funcionar para objetos que permitan su funcionamiento por el todo o nada, funcionamiento propiamente significante. Ven que un conjunto está asociado a un proceso de decisión. Es necesario que pueda decirse si tal objeto está adentro o afuera, hay que decidir. Y a partir de esta definición la decisión es en principio siempre posible, aun cuando no pueda hacerse efectivamente.

Hay que destacar también qué quiere decir objetos distintos, porque cuando están tomados en un conjunto, todos los elementos del

mismo conjunto son diferentes. Un elemento no figura varias veces en
un conjunto. Una condición para que esto sirva para lo que tiene que
servir es no contar lo mismo varias veces.

Segundo punto. Luego de esta definición hay que introducir una
primera diferencia entre conjunto finito y conjunto infinito y podemos
dar esta definición, que un conjunto es finito si existe un número entero positivo n tal que E contiene exactamente n elementos diferentes:
E = {n ≠}. Y si no existe el entero positivo n, E es infinito: E = { $\overline{n \neq}$ }.

Tercero. Hay que introducir un conjunto impropio, un conjunto
que es una infracción, si ustedes quieren, a la definición estándar, un
conjunto que fue olvidado por el mismo Cantor, aun cuando Boole lo
vio. Para que la teoría de los conjuntos se sostenga hay que agregar
el conjunto vacío o nulo, es decir el conjunto que es definido por no
contener elemento alguno: E = { ø} o también E = { }. Es un momento
decisivo de la teoría de los conjuntos admitir como conjunto no sólo
la colección de objetos formando un todo, sino hacer funcionar también un conjunto donde no hay nada. Esto implica un despegue con
respecto a la definición original que supone que hay algo. Ustedes saben que Lacan acentuó mucho esta función del conjunto vacío, que
es capaz de funcionar matemáticamente, para dar una aproximación
al estatuto del sujeto y del carácter en cierta forma de nada de ese sujeto. Hacer funcionar la nada como una instancia es el ejemplo que da
la teoría de los conjuntos. Todas estas son condiciones para aproxi-
marnos al teorema de Cantor y a las paradojas de Russell.

Cuarto: Voy a darles algunas definiciones.

a) Si E y E' son conjuntos y si cada elemento de E pertenece también a E', es decir, si para todo *x* tal que *x* forma parte de E, se deduce
que *x* forma parte de E', E es llamado un subconjunto de E'.

Esto se escribe con este signo < distinto del de pertenencia. Si uno
tiene simplemente esta condición, uno lo escribe así E ≤ E' porque deja
abierta la posibilidad de que estos dos conjuntos sean iguales, que
contengan exactamente los mismos elementos.

Por el contrario –segunda definición– si E' contiene al menos un
elemento que no es de E, uno escribe que E es una parte verdadera de
E': E < E'. Esto deja abierta la posibilidad de que haya elementos de
E' que no estén en E. De un conjunto se dice que incluye sus subconjuntos.

De aquí se deduce la tercera definición: dos conjuntos son llamados iguales si cada uno es un subconjunto del otro.

Esto les permite ver la importancia que tiene en la teoría de los conjuntos lo que se llama el axioma de extensionalidad, que estipula que dos conjuntos que contienen los mismos miembros son iguales. Tomo por ejemplo las tres cifras inmediatamente superiores a 1. Admitamos que a partir de esta definición formo un conjunto, tengo que poner la cifra 2, la cifra 3 y la cifra 4. Tomo ahora otra definición, las tres cifras inmediatamente inferiores a 5. Formo entonces un conjunto con la cifra 4, la cifra 3 y la cifra 2. Partí de dos definiciones distintas, definí dos conjuntos; el punto de vista extensional es el que me permite decir que es el mismo conjunto. Poco importa a partir de qué definiciones obtuve estos elementos. El axioma de extensionalidad reduce completamente el sentido de cada definición. Considera que su sentido no tiene la menor importancia en tanto son los mismos elementos los que están agrupados. Esto no es algo que caiga por su propio peso en otro orden de ideas. En la vida humana y en el uso del lenguaje la manera en que se reúnen los objetos en los conjuntos introduce una diferencia eminente. Voy a darles el ejemplo clásico, sobre el que Russell reflexionó. ¿Cómo es posible decir: "Descubrí que Walter Scott es el autor de *Waverley*"?, porque Walter Scott designa a alguien, una persona, y el autor de *Waverley* designa la misma persona. Desde el punto de vista extensional es lo mismo, pero se ve que hay una diferencia lógica esencial entre Walter Scott y el autor de *Waverley* porque fue un descubrimiento saber que ambos se recubren. Hay que poder dar entonces una existencia lógica a esta diferencia que es precisamente de sentido, mientras que el punto de vista extensional es el que anula esta diferencia de sentido. Esto trae tantas dificultades desde el punto de vista lógico, que alguien tan razonable como Quine, cuando se pone a hablar del predicado en el lenguaje, termina diciendo que el principio de identidad no vale en este caso. Pero en todo caso, el axioma de extensionalidad estipula que si dos conjuntos contienen los mismos miembros, son iguales. Esto conduce a una consecuencia que no está en sí misma contenida en la definición primera de Cantor: un conjunto está completamente determinado, individualizado, distinguido de los otros conjuntos por la totalidad de sus elementos. Es lo que hace que, por ejemplo, para designar el conjunto A escribo: $A = \{a, b, c\}$ y así determiné completamente este conjunto, es su documento de identidad, que nos dice que en él hay sólo eso, y que el orden en que uno pone los elementos es indiferente. La consecuencia de esto es que no existe más que un conjunto vacío, el que escribimos así $A = \{\ \}$ o con este símbolo $A = \emptyset$, que es una de las escrituras que precede la escritura del sujeto barrado por Lacan.

Otra definición es la de la unión o reunión de dos conjuntos. Llamamos unión de dos conjuntos al conjunto que contiene todos los elementos de los dos conjuntos. Los elementos repetidos no se cuentan dos veces. La otra operación es la intersección, que permite formar el conjunto de los elementos que pertenecen a ambos conjuntos, son los elementos comunes a ambos conjuntos. Esta oposición entre la operación de reunión y la de intersección es esencial. Lacan construyó todo su texto "Posición del inconsciente" en base a esta oposición. Creo que hay que definir todavía la aplicación que permite hacer corresponder a cada elemento de un conjunto, uno y sólo un elemento de otro conjunto. Hay diferentes tipos de correlación: o a cada elemento de uno va corresponderle un elemento del otro (biyección), o uno puede admitir que a un elemento del conjunto de partida le corresponda más de un elemento del conjunto de llegada, o que un elemento del conjunto de llegada sea correlacionado con más de un elemento del conjunto inicial. Estos son tres tipos diferentes de aplicación. Hay que agregar a estas aplicaciones la aplicación idéntica que hace corresponder a cada elemento de E ese mismo elemento.

Voy a darles ahora la definición del cardinal del conjunto. Postula que dos conjuntos que son equivalentes, es decir que todos los elementos de uno pertenecen al otro y viceversa, tienen cardinales iguales, y que todos los conjuntos que tienen cardinales iguales son equivalentes. ¿Qué es según Cantor un cardinal? Es un concepto derivado del conjunto cuando se hace abstracción de la calidad de sus elementos y de su orden. Esta idea no dice simplemente que uno tenga que contar las cosas una tras otra, dice que a partir del momento en que uno puede poner en correlación los elementos de uno y otro conjunto por una aplicación biyectiva, tenemos cardinales iguales, sin que importe que en un conjunto tengamos peras y en el otro manzanas. Es una idea que hace depender la idea de número de la de aplicación de un conjunto sobre otro. Este es un razonamiento necesario para poder manejar números infinitos. Si ustedes toman la sucesión de números enteros, ¿puede definirse un número para esta sucesión o no? Tal como se lo abordaba antes de Cantor, no se podía. Todo cambia a partir del momento en que se define el número a partir de la aplicación. Si ustedes toman un conjunto finito que va del 1 al 10, hay diez elementos. Si deciden tomar solamente los elementos pares, obtienen la mitad: 2, 4, 6, 8, 10. Tienen sólo cinco elementos. Dicho de otra manera, cuando hacen la partición de un conjunto finito de números y un conjunto finito de números pares, pierden mucho. Tomo ahora el conjunto de los números naturales y el conjunto de los números pares y le hago corresponder de manera biyectiva a cada número del primero, un número del segundo. Al 1 le hago corresponder el 2, al 2 le hago corresponder el 4, al 3 le hago corresponder el 6, al 4 el 8, al 5 el 10, al 6 el 12. ¿Me faltará alguna vez un número para hacer corresponder al precedente? No, en este orden infinito, el segundo conjunto no es la mitad de grande que el primero, porque siempre puedo continuar mi aplicación biyectiva. La definición del número a partir de la biyección es lo que nos permite decir que tenemos aquí dos conjuntos infinitos que tienen el mismo cardinal. El cardinal de un conjunto E es el conjunto de todos los conjuntos que son equivalentes a E.

3. El teorema de Cantor

Creo haber hecho todo lo que tenía que hacer para darles el teorema de Cantor, el único que lleva su nombre a pesar de haber descubierto muchos. El teorema de Cantor, que es un descubrimiento esencial, se formula así: Para todo conjunto E existen conjuntos de cardinal mayor que E, es decir mayor que el cardinal de este conjunto, en particular el conjunto cuyos miembros son todos los subconjuntos de E. En la escritura de Cantor el conjunto de todos los subconjuntos se escribe PE, es el conjunto potencia. Esto quiere decir que no existe el cardinal mayor. Es lo que creíamos saber respecto a la sucesión finita, que no existe un número sobre el que uno podría detenerse y plantear que es el mayor de los cardinales. A partir de lo que hablamos aquí no podemos hacer más la diferencia entre conjunto finito o infinito, y el teorema de Cantor demuestra que tampoco existe el mayor de los cardinales en la serie de cardinales infinitos, ya que sólo definimos el cardinal a partir de la biyección. Veamos la demostración.

Podemos comenzar por definir un subconjunto del conjunto potencia PE que es equivalente a E. Vamos a considerar E={a,b,c}. ¿Qué es el conjunto de todos los subconjuntos de E? ¿Cuál es el conjunto potencia de E? Está el conjunto a, el conjunto b, el conjunto c.

E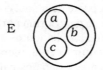

Si tomo estos conjuntos unidad, ya tengo un subconjunto de E que es equivalente a E. Tengo además el conjunto *ab*, *bc*, *ac*, *abc*, ø. El conjunto potencia de E es todo esto. PE={ {*ab*}, {*bc*}, {*ca*},{*abc*},{ } }. Se trata de mostrar que PE no es equivalente a ningún subconjunto de E. Se comienza por tomar E y se define un subconjunto equivalente en PE que vamos a llamar Po, y se va a demostrar que en todos los casos no hay aplicación que realice la exhaución de PE, que Po no puede en ningún caso, sea cual fuere la función que se va a definir, contener todos los elementos de PE. Es decir, que vamos a demostrar que existe un subconjunto Pw , que forma parte, que es un elemento de PE y que no forma parte de Po, sea cual fuere la dimensión en la que se trabaje. Definimos entonces una aplicación Fi en relación a la cual los elementos de E se podrían repartir en dos categorías, según pertenezcan o no al subconjunto al que estarían ligados por la aplicación Fi.

Supongamos que esta aplicación Fi pone en relación a *a* con el conjunto *ab*. Aquí puedo decir que el elemento de E forma parte también del subconjunto de PE con el cual fue puesto en relación. Antes *a* figuraba como un elemento de E, aquí figura como un elemento del subconjunto de E. Por el contrario, si *b* en la aplicación que hice se encontrara enlazada, por ejemplo a *c*, aquí *b* no formaría parte del conjunto al que está ligado. Dicho de otra manera, sea cual fuere la aplicación Fi que invente, que practique, podré repartir en dos clases los elementos de E, por un lado, los que forman parte del subconjunto de llegada y, segunda categoría, los elementos de E que no forman parte del subconjunto de llegada.

Distinguí trabajosamente dos categorías entre los elementos de E. Ahora puedo considerar el conjunto de todos los elementos de la segunda categoría, es decir, el conjunto de todos los elementos que no forman parte del subconjunto de llegada. Yo definí el conjunto E y además el conjunto Po equivalente a E, es decir que si en E tengo tres elementos, tomo tres subconjuntos que son los elementos del conjunto potencia. Voy a enumerar simplemente los elementos de E: e_1, e_2, e_3, e_4, e_5, e_6. Estos son los elementos numerados de E. Voy a enumerar ahora los elementos correspondientes de Po : p_1, p_2, p_3, p_4, p_5, p_6 y voy a suponer que e_1 forma parte de p_1, así como *a* formaba parte del conjunto *ab*, e_2 forma parte de p_2, e_3 forma parte de p_3 y a partir de aquí ya no forma parte. Me sirvo de los elementos de E para indexar los elementos de Po que es un conjunto cualquiera, simplemente equivalente por definición. Ahora que tengo dos categorías, nada me impide formar el conjunto de todos los elementos de E que no forman parte del subconjunto de llegada. Formo entonces un conjunto, al que voy a llamar Pw, que es un subconjunto de E porque todos sus elementos son elementos de E, es un verdadero subconjunto de E. Cuando se trata de este subconjunto uno puede demostrar que en todos los casos este subconjunto de E no pertenece a Po, que sin embargo es un conjunto cualquiera equivalente a E. En todos los casos Pw no pertenece a Po, es decir entonces que PE no es equivalente a E, porque encontramos un elemento que no entra allí.

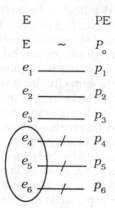

Supongamos que Pw forma parte de Po ¿qué haría falta para justificar que Pw forma parte de Po? Deberíamos encontrar a w entre todos los elementos de Po. Haría falta entonces un elemento ew que le corresponda en el conjunto de partida. Si Pw es un elemento de PE, hace falta que del otro lado haya algo que le corresponda, puesto que hay una equivalencia. Si hay una correlación entre ew y Pw, ¿ew, pertenece a la primera o a la segunda categoría?

Hagamos la hipótesis de que no pertenece a Pw. Si ew no forma parte de Pw, es de todos modos contrario a la definición de los elementos que plantea que contenga todos los elementos de la segunda categoría. Por el contrario, si es de la primera, es decir si ew forma parte de Pws es precisamente que no pertenecen a su correlato, entonces esto tampoco es posible. Llegamos a que es tan imposible y contradictorio que ew forme parte de Pw como lo contrario.

Dicho de otra manera, la hipótesis falsa es que no podemos decir

que Pw forma parte de Po. Definimos una equivalencia entre E y Po,
ponemos en equivalencia cada elemento de E con un elemento de Po
–que es la definición de la equivalencia–, los repartimos en dos clases
según el elemento de partida forme o no parte del conjunto de llegada, definimos a continuación el conjunto de los elementos que no forman parte del conjunto de llegada, con lo que tenemos Pwy nos planteamos entonces la pregunta: ¿Pw forma o no parte de Po ?

Cuando se plantea la hipótesis de que forma parte, debe tener un
correlato *ew* y ese correlato debe poder ser repartido en una clase o
en otra. Por el absurdo se demuestra que las dos soluciones son contradictorias, por lo que se demuestra que, necesariamente, Pw no forma parte de Po, y que, por lo tanto, hay por lo menos un subconjunto
por el cual el conjunto de los subconjuntos de un conjunto aventaja
al conjunto de partida. No partimos de un círculo vicioso, partimos de
una idea muy simple del conjunto y no llegamos a una contradicción,
llegamos a un teorema, al teorema fundamental de Cantor, de que no
existe, tanto en lo finito como en lo infinito, un cardinal superior. Esta
es una demostración por el absurdo que hace nacer un hecho paradójico, hace nacer una fórmula insituable en la dicotomía de las dos
categorías y por eso mismo es desde ya en sí misma una suerte de elemento aberrante. Tal como Cantor hace funcionar este razonamiento, da por resultado un teorema, produce la negación de la hipótesis
de que Pw forma parte de Po, pone a trabajar la paradoja para producir
un teorema, mientras que la paradoja de Russell logra aislar esta paradoja en sí misma, pone a trabajar ese elemento de la demostración
de Cantor para pulverizar la construcción de Frege.

Hay que darse cuenta que en la utilización cantoriana de este hecho significante, el fenómeno paradójico al que hicimos referencia
aquí es equivalente a la suposición que lo hizo nacer, es porque supu-
simos que Pw formaba parte de Po que el fenómeno paradójico surgió.
Si renunciamos a nuestra hipótesis de partida no hay más paradoja,
hay un teorema. La suposición se halla refutada por la paradoja que
la engendra, y da entonces un teorema según el cual hay al menos un
miembro de PE que no puede ser puesto en correspondencia con E y
en tanto PE no es equivalente a E, puesto que E es equivalente a un
subconjunto de PE, tenemos el derecho de escribir que el cardinal de
E es inferior al cardinal PE, es decir, que el conjunto de los subconjuntos es siempre mayor que E.

Esto tiene una consecuencia inmediata sobre lo que se ha llamado, un poco abusivamente, la paradoja de Cantor. Aquí estamos, diría,

en pleno lacanismo, porque es verdaderamente la base de la lógica del significante lacaniano. Digamos que esta paradoja de Cantor es una afirmación que se desprende directamente del teorema, no de su demostración sino de la afirmación misma del teorema. Inventemos un símbolo, una U y digamos que U es el conjunto que contiene a todos los conjuntos. Según el teorema de Cantor puedo decir que PU, el conjunto potencia del universo es todavía mayor que U, PU > U. En otros términos, aun cuando definí de entrada a U como el conjunto de todos los conjuntos, por la operación potencia obtengo un conjunto mayor. El teorema de Cantor, por este efecto paradójico, hace problemático el concepto mismo de universo y de todo. Y diré que no hace menos problemática la definición del conjunto en su concepción ingenua. Con la operación potencia, con la formación a partir de cualquier conjunto de un conjunto potencia, Cantor desencadena un efecto significante que hace tambalear toda nuestra categoría intuitiva de partida. Esto es lo que vemos de manera muy pura, muy simple, muy elegante, con la paradoja de Russell, que es en cierto modo un trozo tomado de la demostración de Cantor.

4. *La paradoja de Russell*

Pasamos entonces a la paradoja de Russell. Conocen la historia del catálogo, la historia del barbero que afeita a todos aquellos que no se afeitan a sí mismos, ¿cómo se afeita el barbero? Es el problema de saber si el catálogo de todos los libros de la biblioteca se menciona a sí mismo o no. El catálogo mismo puede tener una cifra y puede figurar él mismo en su lista. Si uno llama catálogo al conjunto de libros puede darse o bien que ese conjunto se contenga a sí mismo o que no se contenga. Es una alternativa. La operación de Russell consiste en formar un conjunto W que simplemente está compuesto por todos los conjuntos que responden a esa definición. W es el conjunto de todos los subconjuntos que responden a la segunda definición. Sólo queda plantearse la pregunta ¿W es un elemento de W o W no es un elemento de W? Tenemos entonces el catálogo que se contiene a sí mismo y el catálogo que no se contiene a sí mismo. Hacemos el catálogo de todos los catálogos que no se contienen a sí mismos y le preguntamos: ¿ese catálogo se contiene o no se contiene a sí mismo? ¿Qué es lo que pasa? Si W forma parte de W, ¿cuál es la consecuencia? Dado que un conjunto forma parte de W, no forma parte de sí mismo. Por el contrario, si W no forma parte de W, responde a la definición por la que debe formar parte de W y , por lo tanto, tenemos que W forma parte de W. Dicho de otro modo, nos encontramos abreviadamente con la contradicción del teorema de Cantor.

$$w < w = w \not< w$$
$$w \not< w = w < w$$

Los lógicos se dedicaron a desvalorizar la paradoja de Russell, mientras que si se la funda, como el mismo Russell nos indica, en la teoría de los conjuntos, uno se da cuenta de que no se trata de un simple juego, sino que es solidaria de todo un conjunto y que uno no puede lavarse las manos de esta paradoja. Asi, aun cuando W fué definida de un modo perfectamente conforme con la definición primera de Cantor, uno se da cuenta de que lógicamente W no puede existir. La diferencia con la demostración de Cantor es fundamental, porque en la demostración de Cantor, gracias a la emergencia de un fenómeno paradójico, refutamos por el absurdo la suposición arbitraria que Pw formaba parte de Po, mientras que aquí tenemos el sentimiento de no haber hecho ninguna suposición que no estuviera autorizada por la definición del conjunto de Cantor, a ello se debe su virtud paradójica, es decir, que cuestiona la *doxa*, la opinión que nosotros mismos podemos tener de nuestras capacidades intuitivas.

Hay que avanzar en este razonamiento e intentar explicar todas las suposiciones que nos conducen finalmente a esta contradicción. Uno podría preguntarse, lo han hecho los lógicos, si es la autoinclusión la que determina la paradoja. ¿Puede decirse que un conjunto es miembro de sí mismo? La autopertenencia introduce una circularidad, porque cuando quieren definir E, están obligados a hacer entrar a E mismo en su composición. Esta autoinclusión es algo cautivante para el espíritu.

Lacan construye su Otro (A) como el tesoro de los significantes, ¿por qué lo dice así? Para no decir todos los significantes, porque sabe que si dice todos, habrá problemas. Cuando Lacan plantea al Otro hay una necesidad que lo anima, uno ve que el significante del Otro debe formar parte del lugar del Otro, debe estar inscripto en el lugar del Otro, lo dice al final del texto sobre la psicosis, que el Otro como lugar de la ley debe estar inscripto en el Otro como lugar del código.

Quien normalizó esta idea de la autoinclusión es Gödel. Es una idea falsa imaginarse que la autorreferencia en sí misma es algo imposible. Toda la construcción del teorema de Gödel descansa en parte sobre la normalización y la formalización de la autoinclusión. De todos modos puede plantearse la pregunta por el estatuto de esta autopertenencia. A partir de la paradoja puede también ser cuestionado el tercero excluido, podemos plantear que el problema proviene de querer o bien que W forme parte de W o que W no forme parte de W, en ese caso si consideramos que hay paradoja es porque seguimos fieles al principio del tercero excluido. Pero, a partir de la paradoja, se podría introducir una lógica donde habría un valor que permitiría a W formar parte y a la vez no formar parte de W. Uno puede también traducir este esquema contradictorio en una lógica temporal: considerar que si en un primer tiempo W forma parte de W, en el tiempo número 2, W es expulsado de W.

Este es estrictamente el funcionamiento que Lacan le asigna al sujeto del inconsciente en relación a la cadena significante: éste es continuamente aspirado por la cadena significante y, al mismo tiempo, rechazado de ella, se encuentra continuamente entre dos, no tiene ninguna estabilidad. Con esta temporalización se tiene la estructura de las formaciónes del inconsciente: un elemento profundamente inestable que, cada vez que va a ser representado en este todo, es expulsado en el tiempo siguiente. Uno puede considerar que el conjunto W de Russell es simplemente el sujeto. Lo profundamente inaprehensible del "ombligo" freudiano lo tenemos aquí, si temporalizamos la contradicción russelliana. No solamente en el espacio, sino en el tiempo, el conjunto W destruye nuestra categorización, nuestra delimitación, que resulta perforada por ese elemento que demuestra escapar a los compartimientos espaciales que querríamos asignarle, y ése es precisamente el punto que nos muestra la necesidad de una topología. No podemos satisfacernos con la idea de una frontera para representar la relación entre W elemento y W conjunto, nos hacen falta figuras donde el exterior se halle a veces en el interior.

Cuando Lacan en "La ciencia y la verdad" escribe que el sujeto, tal como la lógica moderna lo destaca, se encuentra en exclusión interna al objeto, es a este esquema al que apunta, porque exclusión interna es un sintagma que busca dibujar estas dos posiciones a la vez. Estos desarrollos son importantes para comprender que muchas formulaciones de Lacan que se toman como poéticas, apuntan a describir un matema extremadamente preciso y localizado y no descansan en ningún círculo vicioso aparente. Mañana voy a comenzar por la fórmula siguiente, que me pareció la más cómoda para analizar la paradoja en sus componentes:

$$\exists W \mid \forall E \; . \; E \notin E \leftrightarrow E < W$$

Existe W tal que para todo conjunto, el hecho de que este conjunto no forme parte de sí mismo implica que forma parte de W. Es esto lo que nos permite elegir los conjuntos. Decimos que si un conjunto no forma parte de sí mismo entonces forma parte de W, es eso lo que define a W. Todo conjunto que responde a esta definición forma parte de W. Hay una suposición suplementaria, que existe W. Ven que podemos hacer girar la crítica sobre tres puntos: ¿W existe o no?, ¿podemos decir para todo conjunto o no?, ¿esta escritura es una condición legítima o no?

¿Cuál fue el objetivo de los lógicos y de Russell mismo desde que aportó esta contradicción? Eliminarla, encontrar la restricción que había que introducir en alguna parte para que no se produzca, porque si en un sistema formalizado se introduce una contradicción en algún lado, se extiende como una epidemia. Entonces todo el trabajo fue buscar la frase que había que colocar en algún lado para que este accidente no volviera a producirse, para que esta emergencia paradójica, que tiene la estructura de las formaciones del inconsciente, no se reproduzca. Es lo que llamé, en su momento, la sutura del sujeto.

Actualmente no existe una teoría de los conjuntos, existen varias, es decir, varios sistemas de axiomas según el modo que los lógicos encontraron de resolver ese accidente subjetivo aparecido en el medio de sus significantes. Tienen el sistema de axiomas de Zermelo-Fraenkel, de Bernays, de Quine. Es toda una gama según se seccione en un lado o en otro esta paradoja.

Nosotros, que no tenemos la obligación de los matemáticos, podemos decir que una buena parte de los seminarios de Lacan consiste en sacar las consecuencias de esta estructura significante.

LA LOGICA DEL SIGNIFICANTE
3ra. conferencia

1. El axioma de selección

Podemos formular nuestro problema de la siguiente manera. Existe W tal que para todo conjunto E, el hecho de que E no forme parte de E equivale a que E forme parte de W.

$$\exists W \mid \forall E \ . \ E \notin E \leftrightarrow E < W$$

Hemos descompuesto esta fórmula para ver cuáles son los elementos que hacen nacer esta contradicción. Nosotros comenzamos tomando algo bastante enigmático, que es ese $\forall E$, "para todo conjunto". Veamos qué pasa si cuestionamos este $\forall E$, porque esto implica la suposición de que en lógica podemos considerar el conjunto en general y, entonces, en el horizonte estaría el conjunto de todos los conjuntos. ¿Es ésta una suposición legítima?

Tomamos primero $\forall E$ y hacemos luego una partición de este "todos los conjuntos", es decir, que clasificamos los conjuntos según sean o no miembros de sí mismos.

$$E < E \ \mid \ E \notin E$$

En un segundo movimiento es esto lo que cuestionaremos.

Si hacemos esta partición obtenemos W, que es un conjunto cuyos miembros son definidos por responder a la definición de ser un conjunto tal que todos sus miembros forman parte de W. $W < W$. Todos los miembros de W responden a esta definición y todos los que responden a esta definición están dentro de W.

El cuarto movimiento consiste en darse cuenta de que siendo W un

conjunto se puede proponer a propósito de W la pregunta que figura
en el punto número dos, es decir que en relación a W uno también puede preguntarse si W forma parte de W o si W no forma parte de W. Dado
que suponemos que W es un conjunto, que lo formamos como tal, es
legítimo plantearse a propósito de W la pregunta que nos planteamos
a propósito de todo conjunto.

$$W < W \quad \text{o} \quad W \not< W$$

Una vez que se han descompuesto suficientemente las cosas,
emerge la contradicción, a saber, si decimos: W forma parte de W estamos obligados a concluir, a partir del tipo de elementos que implica
W, que W no forma parte de W y, en segundo lugar, si suponemos lo
contrario, W no forma parte de W, estamos obligados a concluir, puesto que W responde a esta definición, que forma parte del conjunto W.

$$1) \ W < W \ \rightarrow \ W \not< W$$
$$2) \ W \not< W \ \rightarrow \ W < W$$

Todo esto se supone que está inscripto en un espacio donde todos
los elementos están copresentes sin que haya un elemento de tempo-
ralidad en la lectura. Esto es importante en comparación a la construcción lógica a la que espero llegar, que toma en cuenta precisamente el orden de las escrituras.

Supongamos que nos inquietamos por el punto de partida, por el
E, eso puede parecer demasiado grande. Russell reflexionó durante
diez años sobre esto. Una de sus soluciones fue decir que no hay que
trabajar con conjuntos demasiado grandes, porque si uno manipula
el "para todo" sin precauciones se producen catástrofes. Russell tiene
toda una teoría que se llama "la limitación del tamaño de los conjuntos". Cuestionar el ∀E es decir que uno no tiene el derecho de definir
un conjunto W a partir de la totalidad de todos los conjuntos, porque
en esa totalidad de todos los conjuntos el conjunto que uno va a definir ya está contenido. Se puede decir que ya hay un círculo vicioso
cuando se quiere definir un conjunto a partir de una totalidad que lo
contiene como elemento.

Uno supone que ya tiene a W en el momento de producirlo. ¿Qué
sucede si se intenta esta restricción? Para poder razonar solamente
sobre el conjunto hace falta tener como punto de partida un conjunto
dado y no definir las cosas con este tipo de círculo vicioso. Tomemos
entonces un conjunto dado, independientemente del que voy a definir,
en segundo lugar hay que definir una condición, una propiedad que
sea capaz de operar una selección justa de los miembros del conjunto
de partida, es decir, aquí, pertenecer o no a sí mismo. Hace falta en-

tonces una definición que opere una selección y, en tercer lugar, tenemos que plantear que podemos formar el conjunto que comprende exactamente todos los miembros del conjunto de partida que responden a esta condición, todos y ningún otro. Esta es nuestra suposición. Todo esto está resumido en la teoría de los conjuntos por un axioma y como se está siempre amenazado por la formación del conjunto W se está obligado a formular este axioma con muchas precauciones. Se llama el axioma de selección: para todo conjunto E y para toda condición definida C existe el conjunto E índice C que contiene todos los miembros de E que satisfacen la condición C y sólo esos.

¿Cuál es el resultado de esta precaución axiomática? Nos permite partir, no del discutible $\forall E$, sino de un conjunto cualquiera, el conjunto Q, arbitrario. Sobre este conjunto podemos formar W, esta vez definido como siendo el conjunto de los elementos que forman parte de Q y que responden a la condición: x no forma parte de x. Lo que hacemos aparecer es que hay de entrada una condición que es que x forme parte de Q y no forme parte de sí mismo. W está entonces compuesto por elementos que responden a estas dos condiciones, primero formar parte de Q, segundo no formar parte de sí mismo.

$$W = \{\, x < Q;\ x \not< x \,\}$$

A partir de aquí nada nos impide escribir: para todo Y, Y forma parte de W es equivalente a Y no forma parte de Y:

$$\forall Y,\ Y < W \leftrightarrow Y \not< Y$$

¿Cuál es la pregunta que nos hacemos esta vez a propósito de W? Nos preguntamos si W forma parte de Q, porque si queremos volver a encontrar nuestra antinomia, la contradicción que conocemos, no podemos contentarnos con escribir si W forma parte de sí mismo o no, porque existe la condición suplementaria de que el elemento del que se trata forme parte de Q. En este momento volvemos a encontrar nuestra antinomia, es decir, si la hipótesis es que W forma parte de Q, una de dos, o bien W forma parte de W o W no forma parte de W. Cuando encontramos la contradicción aquí, ¿qué anulamos? Decimos que W no forma parte de Q.

Si $\underline{\text{W} < \text{Q}}$ puede ser

$\underline{\text{W} < \text{W}}$ o

$\underline{\text{W} \not< \text{W}}$

$\text{W} \not< \text{Q}$

Es un cambio muy pequeño con respecto a nuestro razonamiento anterior, pero esencial. Antes razonamos en el absoluto, a partir del momento en que tenemos la constricción del axioma, la obligación de tener un conjunto de partida sobre el cual hacemos una selección, la condición que define a W supone que los elementos que forman parte de W obedecen a esas dos condiciones, primero formar parte de Q, segundo no formar parte de sí mismo. Podemos entonces producir W sin cuestionarnos sobre la pertenencia de W a Q. De golpe, cuando se produce la antinomia, ¿cuál es el resultado? Negamos simplemente y decimos que W no puede ser parte de Q. ¿Qué novedad introdujo el axioma de selección? Nos permitió volver a clasificar la antinomia de Russell con el mismo tipo de elementos que el teorema de Cantor. Así como en el teorema de Cantor planteábamos la pregunta ¿Pw forma o no parte de Po? y la antinomia se producía de modo tal que debíamos negar que Pw formaba parte de Po, aquí, gracias a la introducción del conjunto de partida, hemos circunscripto nuestra antinomia, que no sirve nada más que para volver falso que W forma parte de Q. Se introdujo el axioma de selección para proteger la teoría de los conjuntos contra el efecto de sujeto Russell.

Una vez que tenemos el axioma de selección, lo que esperamos es que los conjuntos se mantengan tranquilos, pero uno ve a los lógicos tapando los agujeros aquí y viendo cómo se abren al lado. El axioma de selección tranquiliza los conjuntos, permite dejar de lado la antinomia de Russell. No hay que olvidar que partimos de un conjunto cualquiera y ¿qué demostramos en el cuadro estricto del axioma de selección? Que cualquiera sea este conjunto hay al menos un elemento que no forma parte de él, que es W. Nos protegemos contra la antinomia de Russell, pero el precio que pagamos es que sea cual sea el conjunto que formamos, por extendido que sea, hay siempre al menos un elemento que no forma parte de él. Esta es una limitación esencial, estructural, de todo saber a partir de lo que se constituye en este campo. Lo que finalmente uno obtiene es que nada es todo, no hay todo. Otro modo de decir esto es decir que no hay universo de discurso. Hemos rebatido la antinomia de Russell pero el precio que pagamos es que no hay más universo de discurso. En la lógica del significante hay equivalencia entre la inestabilidad del elemento W y el no cierre del universo de discurso. Es el mismo fenómeno, que puede formularse de dos modos diferentes.

2. El universo de discurso

El universo de discurso es un término inventado por Boole para calificar todos los elementos que se toman en cuenta en una discusión, indicando que quedará siempre algo afuera. Esto hace a la estructura de la asociación libre. Tenemos aquí un principio de limitación constitutiva del saber en tanto que el saber es, de hecho, una cadena significante. Implicamos aquí directamente a la lógica matemática como un elemento de la lógica del significante.

Esto es lo que obtenemos por haber cuestionado el punto de partida, el $\forall E$ y por haber precisado nuestro razonamiento gracias al axioma de selección. Domesticamos nuestra contradicción.

Para un segundo abordaje de lo mismo, vamos a cuestionar la condición inventada por Russell ($Cx = \Phi$) el esquema inicial es la equivalencia entre la pertenencia a un conjunto y el hecho de que dicho elemento tenga determinada propiedad:

$$x \in W \leftrightarrow \Phi$$

Es un esquema clásico, tomo todos los objetos rojos y formo el conjunto de los objetos rojos, es decir, que formar parte del conjunto R es equivalente para un objeto a ser rojo y al mismo tiempo si un objeto es rojo, forma parte del conjunto R. Esta bicondición es clásica, pero precisamente, cuando lo que uno tiene es el conjunto W y la condición de Russell uno tiene que $W \in W$, lo que debería implicar que W tiene la propiedad Φ, pero por el contrario uno tiene que W no tiene la propiedad Φ. Y cuando se parte de que $W \notin W$ se debería concluir que W no tiene la propiedad , pero se está obligado a concluir que W la tiene. Cuando se trabaja con la propiedad Russell el problema es que no se logra que se recubran el conjunto y la propiedad que lo definió.

Habitualmente, a partir de la condición de definición, podré formar un conjunto adecuado, en el que estarán todos los elementos que responden a esa definición, y ningún otro. Si abordan la cuestión de Russell a partir de la propiedad, se darán cuenta de que hay una separación constante entre el conjunto y la condición que reunió los elementos del conjunto. Con la antinomia de Russell comprobamos que intentamos formar el conjunto W de todos los elementos que responden a la condición Φx. ¿Qué implica esto? Que hay un elemento W que forma parte de W. Estos elementos deberían ser todos x, pero aquí tenemos un elemento W, que forma parte de W y que no posee la propiedad. Tengo un Φx que se deslizó en el interior de mi conjunto, es un intruso, W es un intruso en mi conjunto y no puedo cazarlo debido a la definición que tengo. En el otro caso, tengo que W no forma parte de W, está fuera del conjunto, pero, ¿qué constato? Que tiene la propiedad Φx, es decir, que tampoco aquí consigo tener todos los elementos que tienen esa propiedad. Por un lado, tengo mi conjunto y hay un intruso que se desliza que no tiene la propiedad en cuestión y, por otro, tengo mi conjunto, pero hay uno que queda afuera, que no puede entrar. Dicho de otra manera, cuando divido la antinomia de Russell, encuentro que tengo uno de más o uno de menos.

3. Las fórmulas de la sexuación y la lógica de la cuantificación

Lacan comenta esto como la profunda inestabilidad del sujeto con respecto a la cadena significante, es decir, que entra pero también está expulsado, es la pulsación en eclipse del sujeto del inconsciente que emerge cada vez que hay formaciones del inconsciente, tal como lo presenta Lacan en el primer capítulo del seminario de los cuatro conceptos, sujeto del inconsciente presentado a partir del lapsus y del entre dos siempre inestable. Este es el esquema fundamental de la estructura del sujeto del inconsciente según Lacan, es a partir de aquí que, no diría conceptualizó, sino matematizó el sujeto del inconsciente. ¿Por qué no conceptualizó? Porque el concepto, que no era desconocido por los antiguos, quienes lo llamaban la catalepsia, es la mano puesta sobre un cierto número de objetos para su delimitación, para encontrar allí un rasgo común. En cambio, nuestro esquematismo demuestra justamente la imposibilidad del concepto, porque el concepto está destinado a realizar una delimitación exhaustiva y por eso Lacan renunció progresivamente al uso de esa palabra. Este es un mecanismo aconceptual, es decir, que muestra el límite de todo abordaje mediante el concepto.

Todavía hay algo más. Si utilizamos la escritura de la cuantificación, el "para todo" $\forall$ y el "existe" $\exists$, en un caso el conjunto W es definido por $\forall x \, \Phi x$. W comprende todos los elementos que responden a la definición Φ. Por el contrario, uno de sus elementos, que debería estar en el conjunto, escapa, y entonces podemos escribir la negación de ese $\overline{\forall x}$. Al mismo tiempo, todos estos elementos son Φx, entonces puedo escribir que "no existe elemento que sea no Φx"

$$\overline{\exists x} \ \overline{\Phi x}$$
$$\overline{\forall x} \ \Phi x$$

En el otro caso, por el contrario, tengo a la vez todos los elementos

Φx, "$\forall x \Phi x$", y sin embargo, en el interior tengo uno que no tiene esa propiedad, entonces escribo:

$$\exists x \ \overline{\Phi x}$$
$$\forall x \ \Phi x$$

Estas dos fórmulas son las que Lacan da como matriz de las fórmulas de la sexuación. Es decir que de hecho, después de haber utilizado la paradoja de Russell como matriz de la relación del sujeto con la cadena significante, reutilizó –nadie se dio cuenta– el mismo esquema para obtener las fórmulas de la sexuación femenina y masculina. Lacan le otorgó a la condición de Russell el valor de la función fálica.

Esto es absolutamente necesario para no equivocarse cuando se trata del "no todo" que califica la sexualidad femenina. ¿Acaso el "no todo" quiere decir simplemente que existe un elemento que falta? "No todo" puede querer decir que la función de la que se trata en la vertiente femenina no permite hacer el todo. Es decir, que tenemos elementos Φx y, cuando intentamos hacer el todo, hay uno que no está, de modo tal que de este lado (la derecha de la fórmula) no tenemos derecho a cerrar el círculo. La función nos impide formar el conjunto. Del otro lado marcha, no tenemos sino elementos Φx, no tenemos ninguno que no sea Φx, pero el precio de esto es que no podemos hacer el todo de estos elementos, esto es lo que significa el "no todo".

Cuando se habla del goce sin medida, del goce que está más allá del significante falo, esto no implica ningún desprecio por el significante, al contrario es el significante el que nos permite dar su rostro a esta ausencia de medida. En la vertiente masculina, se admitió que se puede hacer el todo, pero es precisamente hacer el todo lo que introduce en el interior un elemento que no tiene la propiedad Φx. Este elemento que no tiene la propiedad no emerge sino porque hicimos el todo.

Es evidente que las fórmulas de la sexuación forman parte de la lógica del significante en Lacan, forman un capítulo de esta lógica que está dispersa por toda su obra. Si se quiere, se puede comentar este fenómeno de contradicción, de exclusión interna, paradójica, del estilo envolvente de Lacan. Pero no hay ni una frase de Lacan, por barroca que parezca, que no comente un matema, y lejos de haber una oposición entre el matema y la retórica de Lacan, ambos están ligados. Es lo que intenté mostrar cuando Lacan escribió su texto "Televisión" poniendo en el margen, de vez en cuando, un matema de Lacan, para mostrar hasta qué punto su enseñanza no tiene nada de aleatorio.

Aquí tenemos una estructura en cierta forma común entre lo que al principio Lacan elaboró como la estructura del sujeto en relación a la cadena significante y luego como las fórmulas de la sexuación.

Una de las soluciones que intenta Russell para su paradoja –no es la únicasolución, está también, entre otras, la que llama teoría del zig-zag–, es proponer que el conjunto mismo no existe, que sólo existe un elemento y otro y otro. Rechaza el gesto de cerrar el conjunto, que no es un gesto inocente sino que tiene resultados insoportables para la lógica significante. La "*no class theory*" es la precursora de la "*no woman theory*" de Lacan, es decir, que la clase no existe, hay una y otra, y otra. Ese es el "no todo", es lo mismo que la "*no class theory*" de Russell.

Quisiera insistir sobre el punto de la extensionalidad. Volveré lue-luego sobre la teoría de la "*no class*" que hizo Quine en los años '60. ¿Cuál es el criterio de identidad en lógica? ¿Qué permite decir que un elemento es el mismo que otro? El criterio de identidad sigue siendo de alguna manera el criterio leibnitziano. Se pueden substituir elementos idénticos si se puede sustituir el uno al otro *salva veritate*, como dice la fórmula de Leibnitz, es decir si la verdad de la fórmula permanece a salvo. Si $x = y$, quiere decir que si uno tiene Φx, uno tiene también Φy, es decir que si Walter Scott es el autor de *Waverley*, si digo "Walter Scott es un gran autor escocés del siglo XIX", puedo decir que el autor de *Waverley* es un gran autor escocés del siglo XIX. La fórmula no fue falseada por haber puesto x en el lugar de y. El problema es que con términos como x e y esto marcha, pero no anda más cuando se trata de las propiedades del predicado. Es decir, ¿con qué condición puedo decir que el predicado S es idéntico al predicado G dado que puedo decir que no sabía que Walter Scott era el autor de *Waverley*? Yo no puedo reemplazar y decir que no sabía que el autor de *Waverley* era el autor de *Waverley*. Hay contextos en los que cuando reemplazo un predicado por el otro, la verdad no queda para nada a salvo. El momento más fácil de asir es cuando el locutor testimonia su falta de saber. "Yo no sabía que Walter Scott era el autor de *Waverley*." "Yo no sabía que Cicerón se llamaba Marco Tulio." Tienen aquí el mismo nombre para dos cosas, designa el mismo objeto extensionalmente, pero eso no impide que no pueda reemplazarse uno por otro en todos los contextos. Para los predicados no existe la posi-bilidad de verificar la identidad como cuando se trata de términos.

¿Qué es el predicado? El predicado es todo el lenguaje. En defini-tiva, si se toma en serio este criterio de la identidad por la sustitución, uno se da cuenta de que el sentido, lo que es del orden del significado, no obedece al principio de identidad, que se puede sustituir un término por otro y la referencia sigue siendo la misma, pero desde el punto de vista del sentido no puedo sustituir como quiera una expresión por otra, aun si tienen la misma referencia. Es elemental pero decisivo. No hay verdadera equivalencia en cuanto al sentido, es decir, que cuando se toma en cuenta, tratándose del significante, sus efectos de significado, no se dispone más del principio de identidad. Esta es otra manera de tomar lo que Lacan decía, que en la lengua sólo hay diferencia, no hay principio de identidad que funcione en la lengua, y es cierto que decir una cosa y repetirla ya no es lo mismo. Cuando uno dice: "lo digo y lo repito", eso basta para hacer una diferencia y eso se verifica en la cita. Cuando Lacan dice algo y alguien lo repite, no tiene el mismo sentido.

Son este tipo de consideraciones las que llevaron a Quine a relativizar el principio de que no hay entidad sin identidad cuando se trata del lenguaje que habla todo el mundo y cuando se intenta hacer la lógica de ese lenguaje. Cuando se trata del significante en cuanto tiene efectos de significado no puede estipularse un estándar de identidad. Quine tiene una hermosa frase para decir esto, dice que se trata de "*twilights half-entitys to which the identity concept is not to apply*" [semi-entidades crepusculares a las que no puede aplicarse el principio de identidad].

Para la lógica es fundamental que los términos puedan ser sustituibles. Desde el punto de vista lógico dos predicados son idénticos si determinan la misma referencia extensional. Si se toman las cosas en intensión, en comprehensión, es imposible determinar dos que sean iguales y, es por eso, que habla de "*half-entitys*", porque para que una entidad sea completa es necesario que tenga su principio de identidad. ¿Qué quiere decir un significante? se pregunta Quine. Da una linda respuesta, dice que la única respuesta que uno puede dar es que es siempre otro significante. ¿Qué es un *a*? La única respuesta que se puede dar es que es un *b*, y esto llega muy lejos. Se va de referencia en referencia, sin que haya finalmente una referencia de conjunto. Es lo que conduce finalmente a Lacan a decir que el drama en la lengua es que la referencia falta. La única referencia que puede plantearse es el agujero mismo, por eso cuanto más se habla, más se amplía el agujero, más escapa, más huye la referencia.

Para continuar en esta vía sería necesario que exponga cómo es posible construir toda la teoría de los conjuntos a partir de la "*no class theory*" de Russell. Aunque más no sea hay que ver que cuando se escribe el símbolo de la pertenencia ∈, uno se sirve siempre de una línea de escritura. Es cierto que, idealmente, las fórmulas son escritas en un espacio que no está orientado, pero cuando se trata de un texto lógico, la lógica misma es dependiente de esta línea de escritura. El signo de la pertenencia es un signo orientado, en definitiva este ∈ es un predicado que implica dos lugares vacíos que hay que llenar. Aquí hay dos valores que son muy distintos: ser miembro y ser el conjunto del cual el elemento es miembro. Si uno mira la paradoja de Russell, en el fondo, en tanto que W es sólo una multiplicidad de elementos que gozan de la propiedad de Russell, no hay problema. Sólo a partir del momento en que se toma esta multiplicidad como elemento de un conjunto surge la dificultad, en tanto los elementos existen en su dispersión como uno, uno, uno, y uno –como las mujeres, según Lacan– no hay problema; sólo cuando uno cierra el conjunto como un conjunto y como un conjunto elemento de otro hay problema. La idea que evoco para ustedes es comenzar a estipular que se puede hacer figurar el conjunto W a la derecha del signo, pero no se puede hacerlo figurar a la izquierda. Esto conduce finalmente a considerar que sólo cuando uno escribe las cosas a la izquierda postularía su existencia y que, cuando uno lo escribe a la derecha, sólo se trata de la abreviación lingüística de uno, y uno y uno...

Cuando Lacan escribe las fórmulas de la sexuación, sitúa el conjunto de los seres parlantes en el lugar de la variable *x*. Esto quiere decir que, para el psicoanálisis, en lo que concierne a la sexualidad, tienen que inscribirse en tanto tengan o no relación con esta función de la castración, porque el falo del que se trata está de cierta manera negativizado. No se escribe que si *x* tiene la función F eso quiere decir que tiene un pene. Podría hacerse funcionar así, podrían repartirse los hombres y las mujeres como si el falo fuera una función normal que permitiese inmediatamente formar dos clases, dos conjuntos cerrados uno en relación al otro y complementarios. Ahora bien, toda la lógica de la función fálica en Lacan está hecha para contrariar esta idea de repartición biológica y, de hecho, aun cuando Freud dijo que la anatomía es el destino, la anatomía es totalmente distinta de la lógica que testimonia el inconsciente. La función fálica funciona de modo paradójico. Se puede ver que esta escritura, que define el ser del sujeto del inconsciente cuando se trata de la sexualidad a partir de una función lógica, se adecua a la aspiración auténtica del discurso de la ciencia. Hay una definición del ser que es filosófica, metafísica, incluso premetafísica y posmetafísica si se toman los presocráticos y Heidegger, pero ¿en qué se convierte este ser en el discurso de la ciencia? Su dimensión se desvanece por la operatividad. Hay una definición del ser que da Quine que me parece ser la definición moderna del ser en la época del discurso de la ciencia. "Ser es ser el valor de una variable", dice. Es el grado cero del ser en nuestra época. No es más que una variable que puede inscribirse en una función. Y se ve que cuando Lacan escribe las cosas a partir de la inscripción del ser en la función fálica es una inscripción adecuada al estatuto moderno del ser.

A partir de la paradoja de Russell pudimos repartir dos modos del conjunto. Uno en el que pudimos definir un todo a condición de que una excepción –que es correlativa al cierre de un todo– sea planteada al mismo tiempo. Es decir, que si planteamos que todos los elementos tienen la propiedad Φx, es necesario admitir al mismo tiempo un elemento que no la tiene y, del otro lado, si hacemos el todo dejamos escapar un elemento suplementario que tiene esa función, lo que, tal como Lacan lo escribe, prohíbe cerrar el conjunto, prohíbe hacer un todo. O bien hacemos el todo, pero debemos pagar el precio de una excepción, o bien no tenemos excepción, pero en ese momento pagamos el precio de no poder hacer el todo, y este es el sentido auténtico de esa expresión que tanto sedujo: el "no todo". Se imagina que el no todo es simplemente decir que hay un conjunto donde hay "no todo" porque hay una falta, pero no es eso el "no todo". El "no todo" es que uno no puede cerrar un todo con todos los elementos. Esto no se encarna de modo simple en la realidad de la experiencia. Es susceptible de varias lecturas. Russell opone por ejemplo la clase como una y la clase como múltiple, son los dos aspectos que pueden tomarse en relación a clases que reúnen elementos: o bien como no formando más que una, es decir un todo, o bien considerando un elemento agregado a otro y a otro y a otro... Cuando uno tiene el signo de la pertenencia, lo que está a la izquierda es necesariamente algo que se toma como un elemento, por el contrario, lo que está del otro lado no prejuzga de su estatuto como uno o como múltiple, incluso como multiplicidad dispersa. Esto permite ver que el agrupamiento en un todo, en una unidad es algo más que tener uno y uno y uno.

El lado femenino es, en el sentido de Lacan, el que permanece en estado de dispersión. ¿Qué es lo que explica Freud en "La degradación de la vida amorosa"? Dice que es improbable para un hombre tener todas las mujeres en una y que en este sentido la sexualidad masculina entraña una divergencia que es constitutiva del deseo del lado masculino. Por el contrario, tratándose de las mujeres, pueden hacer converger en un mismo hombre su amor y su deseo. El hombre puede existir para una mujer, lo que no quiere decir que lo encuentre. Lacan dice que lo encuentra finalmente en la psicosis. A la histérica, que precisamente tiene dificultades para asumir esta posición, que toma partido por el goce y cuestiona el semblante fálico, le hace falta de todos modos "al menos un" hombre. Al hombre le hace falta la otra mujer, le hace falta al menos la otra mujer, lo que hace que la pasión propiamente femenina sea querer ser la única, pero si es la única está en déficit para poder representar el Otro sexo para un hombre. Cuando Lacan dice que no hay relación sexual, es una constatación de imposibilidad la que hace que no se escriba la relación de cada sexo con el otro, sino la relación de cada sexo con la función fálica, que no es lo mismo.

$$\exists x \ \overline{\Phi x} \qquad \overline{\exists x \, \Phi x}$$
$$\forall x \ \Phi x \qquad \overline{\forall x \, \Phi x}$$

Estas fórmulas permiten también diferenciar el goce de un lado y del otro. Permiten oponer el goce medido y localizado en el órgano que tiene toda su prevalencia del lado masculino y, del otro lado, lo que el goce femenino entraña en sí mismo de sin medida, de falta de localización. Lacan opone el goce femenino envuelto en su propia continuidad, al deseo que la castración libera en el hombre, dándole su significado en el falo. Lacan no escribe que la mujer está fuera de la dominancia fálica; tiene relación con ella y debe pasar por allí en lo tocante a su deseo.

Estos dos polos brindan una especie de matriz para pensar. No quiere decir simplemente que no existan "todas" las mujeres o incluso que La mujer, es decir las mujeres en tanto que clase común, no exista. Lacan desarrolla las consecuencias de que una mujer en tanto tal no sea toda, por ejemplo, en su goce. Queda siempre un "aun" que embaraza especialmente a los hombres, porque de su lado no existe la misma disponibilidad al "aun". Todo lo que se escribió sobre la educación de las mujeres, todo lo que J.-J. Rousseau, que vio bien esta disimetría, formuló como la vigilancia, todo lo que se tradujo diciendo que las mujeres no tienen superyó, da cuenta de este "aun".

Creo que se le puede dar todavía otro valor a esta oposición. Es interesante ver lo que implica para la epistemología del psicoanálisis toda proposición universal del tipo: $\forall x \ \Phi x$. En lógica clásica se distinguen cuatro proposiciones. La primera es la afirmativa universal, por ejemplo todos los x son F, todos los pájaros tienen alas, pero tambien todos los unicornios tienen un cuerno en la frente. La segunda es la afirmativa particular: algunos *x* son F, algunos pájaros tienen las plumas rojas. Luego está la universal negativa: ningún *x* es F, ningún pájaro es a reacción y, por último, algunos *x* no son F, algunos pájaros no tienen plumas rojas. La lógica moderna se dio cuenta de que estos cuatro tipos de proposiciones, que dan cuenta de la lógica llamada de la cuantificación, no tienen el mismo impacto referencial. Cuando utilizamos una de estas cuatro fórmulas ¿suponemos la existencia de algo que responda al *x* en cuestión? Porque si puedo decir "todos los unicornios tienen un cuerno en el medio de la frente", eso no implica que existan los unicornios. Sobre este tipo de cosas, incluso dentro de la proposición particular, se rompió la cabeza Russell. No son proposiciones falsas, son proposiciones sobre cosas que no existen. Hay numerosos sistemas lógicos que se reparten según el modo en que resuelven esta dificultad. La proposición universal afirmativa, es decir todos los *x* son F no implica en sí misma que existan los *x*. Es una definición y una segunda cuestión es querer saber si existen los *x* o no. Por ejemplo Quine puede decir que las expresiones 'todas las x son F' y 'algunas *x* son F' son engañosas porque hay una diferencia, aunque tengan un paralelismo de estructura. Para estabilizar las cosas propone que finalmente sería mejor formularlo así: Algunos objetos son a la vez *x* y F y entonces todo objeto si es *x* es F, es decir que uno tiene en la afirmación universal una implicación pero no una afirmación de existencia. Lo sorprendente es el esfuerzo de la lógica matemática para eliminar todos los términos que no tienen extensión, es decir cuya extensión es vacía. Si los unicornios no existen, los lógicos piensan que acerca de ellos nada podría decirse de verdadero o de falso. Esto da una lógica de tres valores, lo verdadero, lo falso y el sinsentido, que implica que al repartir las proposiciones en verdaderas o falsas, uno se encuentra con una especie de agujero entre lo verdadero y lo falso. Para los lógicos existe la preocupación de verificar para cada término si tiene una referencia, porque sólo si la tiene puede inscribirse en lo verdadero o lo falso.

¿Por qué nos interesa esto a nosotros? En principio por lo que implica en relación a la asociación libre. ¿Qué quieren decir la asociación libre y la atención flotante? Que se suspende lo verdadero como opuesto a lo falso y que todo el discurso del analizante y las interpretaciones del analista operan en un campo donde se suspende el valor referencial. El progreso del análisis consiste en una evacuación de la referencia, los significantes se dirigen los unos a los otros y la única cosa que representan es en definitiva a un sujeto, es decir, según la definición de Lacan, nada. Un significante sólo vale para otro y no representa más que la función negativa del sujeto. A nivel de la afirmación universal uno puede decir todo, pero la existencia de lo que se trata queda en suspenso. Finalmente, la única referencia que puede aislarse es el objeto *a*. Lacan dio estatuto de objeto a la falta de referencia, pero su posición central con respecto al lenguaje es que de una manera general éste carece de referencia, por eso uno habla siempre marginalmente. Todo en la lengua es metáfora y metonimia. El objeto *a* como referente no es sino un efecto del discurso analítico, no existe como tal en la naturaleza.

El hecho de que no haya referente puede decirse de distintas maneras, puede decirse diciendo: el objeto *a*; puede decirse diciendo simplemente que el referente falta; puede decirse que el referente es la falta. En el fondo, lo que no existe en el psicoanálisis es la sustancia, existe el sustituto, pero no la sustancia. El sustituto es necesariamente un ser incompleto, ligado a un lugar a llenar, lo que Frege llamaba "no saturado", es lo que expresa la dialéctica del significante, es un puro S_2 a completar.

Si hubiera una sustancia, lo que Lacan evoca una vez de pasada, ¿qué sería? Sería el goce, es el único término en la experiencia analítica que podría introducirse como un absoluto en tanto no vale para otro. Por esta razón el objeto *a* como plus de gozar puede ser situado por Lacan en el lugar del referente y también por eso puede decir que, en el fondo, toda metonimia está enganchada al objeto *a* como plus de gozar.

LA SUTURA
Elementos de la lógica del significante

Quien no ha adquirido, a través de un análisis personal, las nociones previas que sólo pueden lograrse por su intermedio, no tiene derecho de mezclarse en cuestiones del psicoanálisis. Sin duda alguna, ustedes, señoras y señores, son muy respetuosos del rigor de esta prohibición que Freud pronunciara en sus *Nuevas conferencias sobre el psicoanálisis*.

Por eso, se me plantea en relación a ustedes una pregunta articulada como dilema.

Si violando las interdicciones, hablo de psicoanálisis, *¿qué hacen ustedes aquí?*, escuchando a alguien a quien saben incapaz de presentar el título que autorizaría vuestra confianza.

Por el contrario, si no hablo de psicoanálisis, ustedes que tan fielmente dirigen sus pasos hasta esta sala para oír hablar acerca de problemas relativos al campo freudiano, *¿qué hacen aquí?*

¿Qué hacen aquí *sobre todo ustedes*, señoras y señores psicoanalistas, ustedes que conocen esta advertencia, que Freud les dirigió especialmente, de no relacionarse con aquellos que no son adeptos directos de vuestra ciencia, con esos pretendidos sabios, como dice Freud, con todos esos literatos, que cocinan su sopita en vuestro fuego, sin siquiera mostrarse agradecidos de vuestra hospitalidad? Si quien oficia para ustedes de cocinero se divirtiera dejando que un aprendiz se adueñara de esta marmita, por la que profesan tan natural cariño, pues de ella obtienen su subsistencia, no es seguro, y confieso que yo mismo lo dudaría, que estuvieran dispuestos a probar una sopita así preparada. Sin embargo, ustedes están acá... Permítanme maravillarme un instante de vuestra presencia y del privilegio de tener, por un instante, el placer de manipular ese órgano precioso entre todos los que ustedes usan, el oído.

Debo dedicarme a justificar vuestra presencia aquí, ahora, con razones que sean al menos confesables.

No la haré esperar. Esa justificación se apoya en algo que no debería sorprender, después de los desarrollos que ocuparon este seminario desde el inicio del año escolar: el campo freudiano no se puede representar como una superficie cerrada. La apertura del psicoanálisis no es el efecto del liberalismo, de la fantasía ni de la ceguera de quien se instituyó en la posición de su guardián. Si, a pesar de no estar en su interior, no se es expulsado empero a su exterior, es porque en cierto punto, excluido de una topología restringida a dos dimensiones, ellos se reúnen, y la periferia atraviesa la circunscripción.

Que yo pueda reconocer, ocupar ese punto, les permite escapar al dilema que les presenté y ser, con todo derecho, oyentes en este sitio. Comprenderán así, señoras, señores, hasta qué punto están involucrados en la empresa que fomento, hasta qué punto están profundamente interesados en su éxito.

Concepto de la lógica del significante

Aquello que trato de restituir, reuniendo una enseñanza esparcida en la obra de Jacques Lacan, debe ser designado con el nombre de: lógica del significante, lógica general, en tanto que su funcionamiento es formal en relación a todos los campos del saber, incluyendo el del psicoanálisis, al que especificándose, rige; lógica mínima en tanto que en ella se formulan tan sólo las piezas indispensables para asegurarle un desenvolvimiento reducido a un movimiento lineal, que se engendra uniformemente en cada punto de su recorrido necesario. Que esta lógica se diga "del significante" corrige la parcialidad de la concepción que limitaría su validez al campo en que, como categoría, se originó: corregir su declinación lingüística prepara una importación que en otros discursos no dejaremos de hacer, una vez que hayamos dominado lo que le es esencial.

El principal beneficio de este proceso, que tiende al mínimo, debe ser la máxima economía en el gasto conceptual, debiendo temerse en consecuencia que ella les disimule que las conjunciones que realiza

entre determinadas funciones son suficientemente esenciales como
para que su descuido entrañe un desvío de los razonamientos estrictamente analíticos.

Al considerar la relación de esta lógica con aquella que llamaremos
logicista, se la ve singular, pues la primera trata de la emergencia de
la segunda, y porque ella debe darse a conocer como lógica del origen
de la lógica, es decir, que no sigue sus leyes y que, prescribiendo su
jurisdicción, cae fuera de su jurisdicción.

A esta dimensión de lo arqueológico se accede muy rápidamente
mediante un movimiento de retroacción precisamente a partir del
campo lógico, donde su desconocimiento es más radical, porque se
cumple lo más cercano a su reconocimiento.

Que este recorrido repita aquello que Jacques Derrida nos mostró
como ejemplo de la fenomenología[1], sólo disimulará a los apresurados
esta diferencia crucial: que el desconocimiento aquí parte de la producción del sentido. Digamos que no se constituye como un olvido, sino como una represión.

Elegimos para designarla el nombre de *sutura*. La sutura nombra
la relación del sujeto con la cadena de su discurso; ya veremos que él
figura en ésta como el elemento que falta, bajo la forma de algo que
hace sus veces. Pues faltando en ella, no está pura y simplemente ausente. Sutura, por extensión, la relación en general de la falta con la
estructura de la que es elemento, en tanto que implica la posición de
algo que hace las veces de él.

Esta exposición está destinada a articular el concepto de sutura,
no enunciado como tal por Jacques Lacan, pero que está presente en
su sistema permanentemente.

Que quede bien claro que aquí no hablo en calidad de filósofo o de
aprendiz de filósofo, si filósofo es aquel acerca del cual Enrique Heine
dice, en una frase citada por Freud, que "con sus gorros de dormir y
los jirones de su *robe de chambre* tapona los agujeros del edificio universal". Pero cuídense de pensar que la función de suturación le es
particular: lo que especifica al filósofo es la determinación del campo
de su ejercicio como"edificio universal". Es importante que estén per-
suadidos de que el lógico, igual que el lingüista, a su nivel, sutura. E,
igualmente, quien dice "yo" (*je*).

Agujerear la sutura exige atravesar lo que un discurso explicita de
sí mismo; que se distinga de su sentido, su letra. Esta exposición se
ocupa de una letra, muerta. La hace vivir. No nos asombremos que su
sentido muera.

El hilo conductor del análisis es el discurso sostenido por Gottlob Frege en sus *Grundlagen der Arithmetik* [2], privilegiado por nosotros porque cuestiona esos términos que la axiomática de Peano, que es suficiente para construir la teoría de los números naturales, acepta como primeros, a saber: el término cero, el de número y el de sucesor[3]. Este cuestionamiento de la teoría, al ser descolocado de la axiomática en la que ella se consolida, suturándola, nos la descubre.

El cero y el uno

La pregunta, en su forma más general, se enuncia así:

¿*Qué es aquello* que opera en la sucesión de los números enteros naturales y a lo cual hay que remitir su progresión?

La respuesta, la enuncio antes de alcanzarla, es:

En el proceso de la constitución de la serie, en la génesis de la progresión, la *función del sujeto*, desconocida, opera.

Ciertamente, esta proposición parecerá una paradoja para quien no ignore que el discurso lógico de Frege se abre con la exclusión de aquello que, en una teoría empirista, se juzga esencial para hacer pasar la cosa a la unidad y la colección de las unidades a la unidad del número: la función del sujeto, en tanto que ella sostiene las operaciones de abstracción y de unificación.

Pero la unidad, que así queda asegurada tanto para el individuo como para la colección, sólo perdura si el número funciona como su nombre. Allí se origina la teoría que hace del sujeto el productor de la ficción, salvo que se le reconozca como el producto de su producto; ideología en la que el discurso lógico se conjuga con el psicológico, manteniendo el político una posición dominante en tal encuentro, que se confiesa en Occam, se disimula en Locke, antes de desconocerse en su posteridad.

Un sujeto entonces, definido por atributos cuyo envés es político, y que dispone, como si se tratase de poderes, de una facultad de memoria necesaria para clausurar la colección sin dejar que se pierda ninguno de los elementos intercambiables, y de una facultad de repetición que opera inductivamente. Sin duda, es él lo que Frege excluye del campo –al rebelarse de entrada contra la fundación empirista de la aritmética– donde deberá aparecer el concepto de número.

Pero si se acepta que el sujeto, en su función más esencial, no se reduce a lo psicológico, su *exclusión* fuera del campo del número se identifica con la *repetición*. Esto es lo que tenemos que mostrar.

Saben que el discurso de Frege se desarrolla a partir del sistema fundamental constituido por los tres conceptos del concepto, del objeto y del número, y de dos relaciones: la primera, del concepto al objeto, la subsunción; la segunda, del concepto al número, que será para nosotros la asignación. Un número es asignado a un concepto que subsume objetos.

Lo específicamente lógico reside en que cada concepto sólo es definido y sólo tiene existencia por la mera relación que mantiene en la medida en que subsume, con lo subsumido. Igualmente, la existencia de un objeto sólo le llega en la medida en que cae bajo un concepto; ninguna otra determinación contribuye a su existencia lógica, aunque el objeto sólo adquiera su sentido a partir de su diferencia con la cosa integrada, mediante su localización espacio-temporal, con lo real.

Pueden apreciar así la desaparición de la cosa que debe efectuarse para que ella aparezca como objeto: *que es la cosa en tanto que ella es una.*

Se evidencia de este modo que el concepto operando en el sistema, formado a partir de la determinación única de la subsunción, es un concepto redoblado: *el concepto de la identidad con un concepto.*

Este redoblamiento, inducido en el concepto por la identidad, permite el nacimiento de la dimensión lógica, porque efectuando la desaparición de la cosa, provoca la emergencia de lo enumerable.

Por ejemplo, si reuno lo que cae bajo el concepto "el hijo de Agamenón y de Casandra", convoco para subsumirlos allí a Pélope y Telédamo. A esta colección sólo puedo asignarle un número poniendo en juego el concepto "idéntico al concepto: hijo de Agamenón y de Casandra". Mediante el efecto de la ficción de ese concepto, los hijos intervienen ahora en la medida en que cada uno, si se quiere, es aplicado a sí mismo, lo cual lo transforma en unidad, lo hace pasar al estatus de objeto, en cuanto tal enumerable. El *uno* de la unidad singular, ese uno de lo idéntico con lo subsumido, ese uno es lo que tiene en común todo número por estar constituido ante todo como unidad.

El sistema ternario de Frege tiene como efecto no dejar a la cosa más que el soporte de su identidad consigo misma, por lo que es objeto del concepto operante y enumerable.

El razonamiento que acabo de exponer me autoriza a concluir esta proposición, cuya incidencia veremos enseguida: la unidad que se podría llamar *unificante* del concepto en tanto que le asigna el número, se subordina a la unidad como *distintiva* en tanto que sostiene al número.

En lo que respecta a la posición de la unidad distintiva, su fundamento debe ser situado en la función de la identidad que, confiriendo a toda cosa del mundo la propiedad de ser una, cumple su transformación en objeto del concepto (lógico).

En este punto de la construcción, apreciarán el peso de la definición de la identidad que presentaré.

Esta definición, que debe dar su sentido verdadero al concepto de número, no debe tomar nada de él[4], a fin de engendrar la enumeración.

Esta definición, pivote en su sistema, Frege se la pide a Leibnitz. Se basa en este enunciado: *eadem sunt quorum unum potest substitui alteri salva veritate.* Idénticas son las cosas que pueden sustituirse la una por la otra *salva veritate,* sin que la verdad se pierda.

Sin duda apreciarán ustedes la importancia de lo que se cumple en este enunciado: la emergencia de la función de la verdad. Sin embargo, lo que considera como adquirido es más importante que lo que expresa, a saber, la identidad consigo mismo. Si una cosa sólo pueda ser sustituida a sí misma ¿Qué ocurre con la verdad? Su subversión es absoluta.

Si se sigue el enunciado de Leibnitz, el desfallecimiento de la verdad, cuya posibilidad se abre un instante, su pérdida en la sustitución de una cosa por otra, sería seguida de inmediato por su restablecimiento en una nueva relación: la verdad se vuelve a encontrar en que la cosa sustituida, por ser idéntica a sí misma, puede ser el objeto de un juicio y entrar en el orden del discurso: idéntica a sí misma, es articulable.

Pero que una cosa no sea idéntica a sí misma subvierte el campo de la verdad, lo corrompe y lo deja abolido.

Comprenderán ustedes en qué la identidad consigo mismo connota el paso de la cosa al objeto, interesa, a la salvaguarda de la verdad. La identidad consigo mismo es esencial para que la verdad esté a salvo.

La verdad es. Cada cosa es idéntica a sí misma

Hagamos funcionar ahora al sistema de Frege, es decir, recorramos ese itinerario escandido en tres etapas que nos prescribe. Sea una cosa X del mundo. Sea el concepto, empírico, de esa X. El concepto que ocupa un lugar en este esquema no es ese concepto empírico, sino aquel que lo duplica, siendo "idéntico al concepto de X". El objeto que cae bajo ese concepto es X mismo, como unidad. Aquí, el número, y éste es el tercer término del recorrido, que hay que asignar al concepto de X será el número 1. Esto significa que esta función del número 1 es repetitiva para todas las cosas del mundo. Por tanto, ese 1 no es más que la unidad que constituye el número como tal, y no el 1 en su identidad personal de número, en su lugar particular, con su nombre propio, en la serie de los números. Su construcción, por otra parte, exige que se convoque, para transformarla, a una cosa del mundo, lo que no se puede, dice Frege: la lógica sólo debe sostenerse a partir de sí misma.

Para que el número pase de la repetición del 1 de lo idéntico a su sucesión ordenada, para que la dimensión lógica gane decididamente su autonomía, es necesario que el cero aparezca sin ninguna relación con lo real.

Se obtiene su aparición porque la verdad es. Cero es el número asignado al concepto "no idéntico a sí mismo". En efecto, tomemos el concepto "no idéntico a sí mismo". Ese concepto, por ser concepto, tiene una extensión, subsume un objeto. ¿Cuál? Ninguno. Dado que la verdad es, ningún objeto ocupa el lugar de lo subsumido por ese concepto, y el número que califica su extensión es cero.

Este engendramiento del cero, puse en evidencia que es sostenido por esta proposición de que la verdad es. Si ningún objeto cae bajo el concepto de la no-identidad-consigo-mismo, la verdad debe ser salvada. Si no hay cosas que no sean idénticas a sí mismas, resulta que la no-identidad consigo mismo es contradictoria con la dimensión misma de la verdad. A su concepto se le asigna el cero.

El concepto de la no-identidad-consigo-mismo es asignado por el número cero, éste es el enunciado decisivo que sutura el discurso lógico.

Pues, y atravieso aquí el texto de Frege, en la construcción autónoma de lo lógico por sí mismo, fue necesario, a fin de que quedara excluida toda referencia a lo real, evocar, a nivel del concepto, *un ob-*

jeto no-idéntico a sí mismo, rechazado luego inmediatamente de la dimensión de la verdad.

El 0 que se inscribe en el lugar del número consuma la exclusión de este objeto. En cuanto a su lugar, dibujado por la subsunción, donde el objeto falta, no podría haber allí nada *escrito*, y si es necesario trazar un 0, es tan sólo para representar allí *un blanco*, hacer visible la falta.

Del cero falta al cero número, se conceptualiza lo no-conceptualizable.

Dejemos ahora el cero falta que he revelado, para considerar solamente lo que produce la alternancia de su evocación y de su re-evocación, el cero número.

El cero entendido como un número que asigna al concepto subsumiente la falta de un objeto, en cuanto tal es una cosa, *la primera cosa no real en el pensamiento*.

Si construimos el concepto del número cero, éste subsume al número cero como su único objeto. El número que le asigna es, por lo tanto, 1.

El sistema de Frege juega con la circulación, en cada uno de los lugares que fija, de un elemento: del número cero a su concepto, de ese concepto a su objeto y a su número. Circulación que produce el 1[5].

Este sistema está, por lo tanto, constituido de tal modo *que el 0 se cuenta como 1*. Computar 0 por 1 (en tanto que el concepto de cero sólo subsume un blanco en lo real) es el fundamento general de la serie de los números.

Esto es lo que demuestra el análisis de Frege sobre la operación del sucesor, que consiste en obtener el número que sigue a n agregándole una unidad: n', sucesor de n, es igual n+1, o sea ...(n+1)=n'... Frege abre el n+1 para descubrir qué significa el pasaje de n a su sucesor.

Comprenderán de inmediato la paradoja de este engendramiento cuando yo produzca la fórmula general del sucesor a la que llega Frege: "el número asignado al concepto: 'miembro de la serie de los números naturales que, terminándose en n' sigue inmediatamente a n en la serie de los números naturales'".

Tomemos un número: el tres. No me sirve para constituir el concepto: "miembro de la serie de los números naturales que terminan en tres". Encontramos que el número asignado a este concepto es cuatro. Allí aparece el 1 del n+1 ¿De dónde surge?

Asignado a su concepto duplicado, el número 3 funciona como el nombre unificante de una colección: reserva. En el concepto de "miembro de la serie de los números naturales que terminan en 3", él es término (elemento y elemento final).

En el orden de lo real, el 3 subsume 3 objetos. En el orden del número, que es el del discurso forzado por la verdad, son los números lo que se cuenta: antes del 3, hay 3 números, él es entonces el cuarto. En el orden del número, *además está el 0*, y el 0 cuenta como 1. El desplazamiento de un número, de la función de reserva a la de término, implica la suma del 0. A ello se debe el sucesor. Aquello que en lo real es ausencia pura y simple se encuentra por el hecho del número (por la instancia de la verdad) anotado 0 y contado como 1.

Por eso decimos: objeto no-idéntico a sí mismo provocado (rechazado) por la verdad, instituido (anulado) por el discurso (la subsunción como tal), en una palabra, suturado.

La emergencia de la falta como 0 y del 0 como 1 determina la aparición del sucesor. Sea n; la falta se fija como 0 que se fija como 1: n+1; lo que se agrega para dar n'; que absorbe al 1.

Ciertamente, si el 1 del n+1 no es otra cosa más que la cuenta del 0, la función de adición del signo + es realmente redundante, es necesario restituir a la representación horizontal del engendramiento su verticalidad: el 1 debe considerarse como el símbolo originario de la emergencia de la falta en el campo de la verdad y el signo + indica el franqueamiento, la transgresión por la cual el 0 falta llega a ser representado por 1, y produce, por esta diferencia de n a n', que han reconocido como un efecto de sentido, el nombre de un número.

La representación lógica derrumba este escalonamiento en tres niveles. La operación que efectué lo despliega. Si consideran la oposición de estos dos ejes, comprenderán lo tocante a la suturación lógica y a la diferencia entre la lógica que les presento y la lógica de los lógicos.

El cero es un número: tal es la proposición que asegura su cierre a la dimensión lógica.

En lo que nos atañe, hemos reconocido en el cero número a aquello que hace las veces de lo suturante de la falta.

Debemos recordar aquí la hesitación que se perpetuó en Bertrand Russell respecto de su localización (¿interior?, ¿exterior a la serie de los números?).

La repetición generadora de la serie de los números se sostiene en que el cero falta pase, según un eje primero vertical, atravesando la barra que limita el campo de la verdad para representarse en él como uno, aboliéndose enseguida como sentido en cada uno de los nombres de los números que son capturados en la cadena metonímica de la progresión de la sucesión.

Del mismo modo, deberán tener el cuidado de distinguir el cero como falta *del* objeto contradictorio, de aquel que sutura esa ausencia en la serie de los números; deben distinguir el 1, nombre propio de un número, de aquel que llega a fijar en un rasgo el cero de lo no-idéntico consigo mismo suturado por la identidad-consigo-mismo, ley del discurso en el campo de la verdad. La paradoja central que deben comprender (como verán en un instante, la del significante en sentido lacaniano) es que el rasgo de lo idéntico representa lo no-idéntico, de donde se deduce la imposibilidad de su duplicación[6], y a partir de ahí la estructura de la *repetición*, como proceso de la diferenciación de lo idéntico.

Ahora bien, si la serie de los números, metonimia del cero, comienza por su metáfora, si el 0 miembro de la serie como número no es más que lo que hace las veces de lo que sutura la ausencia (del cero absoluto) que se vehiculiza por debajo de la cadena según el movimiento alternativo de una representación y de una exclusión, ¿qué es lo que obstaculiza reconocer en la relación restituida del cero con la serie de los números, la articulación más elemental de la relación que el sujeto mantiene con la cadena significante?

El objeto imposible que el discurso de la lógica convoca como lo no–idéntico consigo mismo y rechaza como lo negativo puro, que convoca y rechaza para constituirse como lo que es, que convoca y rechaza *no queriendo saber nada de él*, lo llamamos, en tanto que funciona como el exceso que opera en la serie de los números: el sujeto.

Su exclusión fuera del discurso que interiormente intima es: sutura.

Si ahora determinamos el rasgo como el significante, si fijamos en el número la posición de lo significado, es necesario considerar la relación de la falta con el rasgo como lógica del significante.

Relación del sujeto y del significante

En efecto, la relación, llamada en el álgebra lacaniana, del sujeto con el campo del Otro (como lugar de la verdad) se identifica a aquella que el cero mantiene con la identidad de lo único como sostén de la verdad. Esa relación, en tanto que es matricial, no podría ser integrada en una definición de la objetividad. Esto es lo que afirma el doctor

Lacan. El engendramiento del cero, a partir de esa no-identidad consigo mismo, bajo cuyo golpe no cae ninguna cosa del mundo, se los ilustra.

Lo que constituye esa relación como la matriz de la cadena, debe ser aislado en esta implicación que hace determinante de la exclusión del sujeto fuera del campo del Otro a su representación en ese campo bajo la forma del uno de lo único, de la unidad distintiva, llamada por Lacan "lo unario". En su álgebra, esta exclusión es marcada por la barra que afecta a la S del sujeto frente al A mayúscula, y que la identidad del sujeto desplaza, según la sustitución fundamental de la lógica del significante, sobre la A, desplazamiento cuyo efecto es la emergencia de la significación significada al sujeto.

No afectada por el cambio (sustitución) de la barra, se mantiene esta exterioridad del sujeto con respecto al Otro, instituyendo el inconsciente.

Pues, si es claro que la tripartición que escalona 1) el significado-al-sujeto; 2) la cadena significante cuya alteridad radical en relación al sujeto lo elimina de su campo y, finalmente, 3) el campo exterior de ese rechazo, no puede ser recubierto por la dicotomía lingüística del significado y del significante; si la conciencia del sujeto debe situarse en el nivel de los efectos de significación regidos, al punto que puede considerárselos sus reflejos, por la repetición del significante; si la repetición misma es producida por el desvanecimiento del sujeto y su aparición como falta; entonces el inconsciente es lo único que puede nombrar la progresión constituyente de la cadena en el orden del pensamiento.

A nivel de esta constitución, la definición del sujeto lo reduce a la *posibilidad de un significante de más.*

En definitiva ¿no es a esa función del exceso a la que puede referirse el poder de tematización que Dedekind asigna al sujeto, para dar a la teoría de conjuntos su teorema de existencia? La posibilidad de la existencia del infinito enumerable se explica "a partir del momento en que una proposición es verdadera, puedo siempre a partir de ella producir una segunda, a saber, que la primera es verdadera, y así al infinito"[7].

Para que el recurso al sujeto, como fundador de la iteración no signifique un recurso a la psicología, es suficiente con sustituir la tematización por la representación del sujeto (en tanto que significante), que incluye la conciencia porque ella no se efectúa para alguien sino en la cadena, en el campo de la verdad, *para* el significante que la precede.

Cuando Lacan pone de relieve la definición del signo como lo que representa algo para alguien, la del significante como lo que representa el sujeto para otro significante, está adelantando que en lo concerniente a la cadena significante, es a nivel de sus efectos y no de su causa que debe situarse a la conciencia. La inserción del sujeto en la cadena es representación, necesariamente correlativa de una exclusión que es un desvanecimiento.

Si ahora se intentase desplegar en el tiempo la relación que engendra y sostiene a la cadena significante, sería necesario tomar en cuenta que la sucesión temporal está bajo la dependencia de la linealidad de la cadena. El tiempo del engendramiento no puede ser más que circular, y porque estas dos proposiciones son verdaderas al mismo tiempo, enuncian la anterioridad del sujeto sobre el significante y la del significante sobre el sujeto, pero éste sólo aparece como tal a partir de la introducción del significante. La retroacción es esencialmente lo siguiente: el nacimiento del tiempo lineal. Es necesario conservar juntas las definiciones que hacen del sujeto *el efecto del significante* y del significante *el representante del sujeto*: relación circular, sin embargo no recíproca.

Al atravesar el discurso lógico en el punto de su resistencia más débil, el de su sutura, ven articulada la estructura del sujeto como "batimiento en eclipses", igual que ese momento que abre y cierra el número, libera la falta bajo la forma del 1 para abolirlo en el sucesor.

Han comprendido la función inédita que adopta el + en la lógica del significante (signo, ya no de la adición, sino de esta *sumación* del sujeto en el campo del Otro, que llama su *anulación*). Queda desarticularlo para separar el rasgo unario de la emergencia y la barra del rechazo: se manifiesta por esta *división* del sujeto que es el otro nombre de su *alienación*.

Se deducirá de ello que la cadena significante es *estructura de la estructura*.

Si la causalidad estructural (causalidad en la estructura en tanto que el sujeto está implicado en ella), no es una palabra vana, ella encontrará su estatuto a partir de la lógica mínima aquí desarrollada.

Al menos, la construcción de su concepto.

NOTAS

1. Cf. Husserl, *L'origine de la géométrie*. Traducción e introducción de Jacques Derrida. PUF, París, 1962.

2. Texto y traducción ingleses publicados bajo el título *The foundations of arithmetic*, Basil Blackwell, Londres, 1953.

3.Ninguna de las inflexiones aportadas por Frege desde el ángulo de su mira importará en nuestra lectura, la cual se mantendrá por ende más acá de la tematización de la diferencia entre sentido y referencia, a nivel de la definición del concepto introducida más adelante a partir de la predicación, del que se deduce su no–saturación.

4. Por esta razón hay que decir identidad y no igualdad.

5. Mantengo en reserva el comentario del párrafo 76 que da la definición abstracta de la contigüidad.

6. Y, a otro nivel, la imposibilidad del metalenguaje (ver el texto de Jacques Lacan publicado en este mismo número). ["La ciencia y la verdad", publicado en castellano en *Escritos*, Tomo II, Siglo XXI, Buenos Aires, 1985 (N. de T.)].

7. Dedekind citado por Cavaillès. (*Philosophie mathématique*, Hermann, 1962, pág. 124.)

MATRIZ

0 — El Todo. Por consiguiente, fuera de él, nada. Si digo *el* Nada, me es preciso plantear el Todo que los engloba.

Ahora vienen variaciones sobre ese tema.

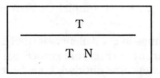

1 — Y así siguiendo. Cada Todo nuevamente determina un Nada y exige que planteemos un Todo superior: T_0, T_1, T_2,.... Es el esquema de la estratificación.

2 — ¿Y el Nada? ¿Voy a enumerarlo? ¿Por qué no? Pero también puedo muy bien considerarlo siempre el mismo, ya que lo suscita siempre la misma operación. Podemos decir: N es la causa de la estratificación, de la multiplicación de los T.

3 — ¿Por qué no decir que es también el mismo Todo el que se repite, se re-escribe, siempre una vez más? La operación única que se reproduce se escribe:

T →N→ T. N causa la reduplicación de T. 0 también: es el intervalo de T consigo mismo.

4 — T y T son el mismo, con un Nada de diferencia. Diremos: una

entidad que implica N está clivada, es decir, a distancia de sí, constreñida a repetirse. Su parte N se separa incesantemente de ella y ella la absorbe incesantemente.

5 — ¿Cuál es la clave de este proceso? Que desde el comienzo del juego integré a la entidad su negativo, su falta (su propia desaparición, su borramiento). Consideré como formando parte de sí misma a su propia ausencia. "Su propia ausencia", ¿qué otra cosa es sino su lugar?

6 — Inscribir una marca es plantear dos cosas: la marca (su materialidad, el trazo de tinta, por ejemplo) y su lugar. Si se borra la marca queda su huella bajo forma de lugar. Por eso quedan, ¿no es cierto?, siempre dos series como mínimo: la de las marcas, la de las faltas.

7 — A partir de este núcleo podemos hacer un ciclo que vuelve a conducir indefinidamente de T a N, de la entidad a su desaparición: batimiento en eclipse, alternancia, lo que es equivalente a una cadena de dos símbolos alternados, o también a un símbolo y su falta alternados (es decir, a un sólo símbolo repetido).

8 — Deduciremos fácilmente que no hay Nada que sea Todo, o sea que no hay Todo integral que no implique la falta de sí mismo. O bien el Todo deja N fuera, y no es completo, o bien lo incluye y la falta que integra lo perfora.

9 — Aquí captamos la equivalencia formal de la repetición y el clivaje. Lo que en la primera se da como proceso, se da en la segunda (se condensa, se contrae) como entidad. La repetición es el clivaje desarrollado (*explicado*).

10 — Es concebible otra versión de ese fenómeno: T no podría incluir N y tampoco no incluirlo. T es una entidad contradictoria o N es un elemento imposible. O también: T y N son incompatibles, en sentido fuerte, pues no sólo se excluyen no pudiendo formar parte del mismo conjunto, sino que incluso provocan, en cuanto se los plantea juntos, una perturbación incesante. Una antinomia los liga y los separa, que no se reduce sino en el proceso de la alternancia, donde N siempre está en más o en menos respecto de T.

11 — Maravillas: tengo en el hueco de la mano la conexión de la repetición, del clivaje, de la falta, del lugar, de la alternancia, de la contradicción, de la antinomia, de lo imposible.

12 — Por lo demás, no es necesario partir del Todo. Toda entidad cumple igualmente bien con la cuestión, a condición de que se la

plantee por disyunción, es decir, recortándola del Todo. Pero realizar esa disyunción en el Todo mismo les asegura de entrada que nada escapa a la ley...

13 — ...salvo el Nada, pues el lugar es segundo respecto de la marca (*mutatis mutandis*, el sujeto es el efecto del significante).

14 — Recomenzaremos partiendo de la marca unaria, de no importa qué entidad (pero el no importa qué ya supone lo unario) del Todo (¿no es éste equivalente a la marca?).

15 — Confieso que este montaje reposa en la confusión de la marca y su lugar (de la marca en tanto se designa a sí misma y de la marca en tanto designa su lugar), o también en la confusión de entidades de orden diferente (T_1 y T_2). La estratificación hace desaparecer esos fenómenos así como los seres aberrantes que ahí se propulsan. Pero, precisamente, se trata del origen de la estratificación como repetición infinita.

16 — Se puede probar también que el espacio correspondiente a la marca como tal es necesariamente inestratificable. En efecto, para estratificar, es preciso que el espacio de los lugares ya esté dado. El significante originario se sitúa y su continuación se desarrolla en una dimensión única, un espacio sin niveles. Los números todavía no existen cuando se desarrolla la serie de las marcas unarias, clivadas, repetidas. Recién con la adición de las marcas el número comienza.

En el principio es el lugar, donde no hay nada. Pero no hay lugar sin marca, un concepto, un cerco, un índice, un punto, marca de la falta de marca. Ahora bien, la marca que falta y la marca de la falta acá no son de tipo diferente y no se distinguen. Hay la marca eso es... Todo.

17 — Consecuencia anexa: sólo cuando la marca desaparece aparece su lugar y, por lo tanto, la marca como tal. ¿Basta para justificar que digamos que no alcanza su ser sino en su desaparición fulgurante y no se la capta sino en el borde de su falta? "Borde" no es sino una aproximación. Diremos: es el "o bien o bien"absoluto, là marca o la falta, y tanto el ser de la marca como el de la falta "no existe" sino en el entre-dos incorporal, inaprehensible; o en la diferencia de una a otra, en el movimiento, en el paso, y siempre es demasiado pronto o de-

masiado tarde.O bien, diremos: que marca y falta no están separadas
ni son exteriores una a la otra, sino que están imbricadas, implicadas
una en otra. Marca y falta es como ser y significación: sólo al barrar
todo lo que es, el significante puede significar su ser.

18 — El clivaje no se reabsorbe. La repetición no cesa. La alternancia no se estabiliza. Es decir: no puede hacerse un todo de esta
entidad, de esta serie, de esas posiciones. Ese proceso, esta entidad,
se presenta como intotalizable, o: como una totalidad contradictoria,
lo que equivale a decir: una totalidad con su contradicción o con su
elemento inintegrable, multiplicidad irreductible a la unidad. La marca, unidad unaria, entidad clivada, no permanece estable, se multi-
plica, diverge, se dispensa, se disemina. No *consiste*, (es inconsistente), persiste, insiste, es un proceso. Lo mismo diremos de la totalidad
correspondiente. De hecho, la marca como unidad no es sino la totalidad concentrada. Y la totalidad es la marca dilatada, multiplicada.

19 — Quien parte de la disyunción encuentra necesariamente la
dispersión. En efecto, ¿qué es un significante sino un elemento que
sólo se define en un conjunto de entidades similares y por disyunción
(diferenciación)? El caso límite es el de un conjunto de un elemento:
el elemento no encuentra cómo hacer la disyunción sino del conjunto como vacío, el cual no es otra cosa que su propia falta (o de su lugar
como tal, o de la marca de su lugar, lo que equivale a decir que está
clivado). El elemento debe salir para que el conjunto exista, debe ex-
cluirse, exceptuarse, volverse déficit, o exceso. Es la dispersión principal. Esta es sólo una versión del clivaje, o de la antinomia marca /
falta.

20 —El razonamiento es más simple tratándose de un número n>1
de significantes. No hay Todo de los significantes, si es verdad que cada uno se define por relación (para) al conjunto de los otros. Cada significante tiene por correlato un conjunto (n - 1), y hay tantos conjuntos como significantes, sin que se obtenga jamás el conjunto total n.
Esta totalidad es no-cerrada, agujereada, abierta, no tiene conjunto,
es una unidad (espacio, ley, función) de dispersión. Proverbio: la estructura no es un todo.

21 — Reflexión:los diferentes seres que he producido –entidades,
totalidades, procesos, operaciones, secuencias– ¿son todos equivalentes? Según la versión que elija se confunden o se distinguen. Los
fenómenos que describo se condensan o se dilatan, se concentran o
se extienden, disminuyen o proliferan. No hay más que uno y hay una

infinidad. Sólo se puede capturar uno temporariamente. Puede desvanecerse, ser absorbido o inflarse, extenderse, dividirse, distribuirse. Se podría resumir todo en la existencia de una entidad clivada que concentra en ella una irreductible contradicción, pero esta contradicción se extenderá al universo del discurso en su totalidad absoluta, es decir, contradictoria y clivada. ¿Hay uno o hay puntos singulares en este universo? ¿Y si fuese él, "todo entero", el que fuese "singular"? Inaprehensibles, estos fenómenos lo son por naturaleza, y no se aprehende uno de ellos más que levantándole un momento su fluidez para depositarla en otra parte. Lo que es inaprehensible puede ser aprehendido a condición de aislar lo inaprehensible como función, identificarlo, concentrarlo y, por ejemplo, encarnarlo en una entidad. Ejemplo: la torsión de la banda de Moebius está en todas partes, es decir, es indeterminada, y sólo el corte que aplana la banda la localiza, cuando precisamente la hace desaparecer. Se define acá un ser indeterminado esencialmente, puesto que desaparece al ser determinado (aleatoriamente).

22 — Decir que no hay universo del discurso, equivale a decir: hay una falta esencial (constitutiva), un agujero en el universo del discurso; o bien: el universo del discurso es una totalidad dispersa. Es una banda de Moebius, inorientable, de una cara, sin encima ni debajo, inestratificable, a menos que venga el corte que fija y borra su torsión. Indivisible, este universo puede ser seccionado –lo que pierde no es material (es incorporal)–, no es nada –sólo sus propiedades desaparecen, todas–. Es con la caída de la falta, del elemento imposible, que la estratificación de la lengua universal se vuelve posible. Visto a partir del discurso estratificado no es nada sino una ilusión, una operación ilegítima, un no-ser, una apariencia, un semblante de ser lo que desaparece.

23 — Las categorías del en-más / en-menos, de la totalidad inconsistente, del elemento antinómico, darán si se quiere las de anticipación, retroactividad, fulguración, instante. Teoría del tiempo luego de teoría del espacio, he aquí la estética del significante.

24 — Desde el inicio estamos en el demasiado temprano / demasiado tarde. Hablamos, escribimos, vivimos en el demasiado temprano / demasiado tarde. ¿Este texto llega a tiempo? Por cierto que no. Es intempestivo. Su producción es indeterminada. Tampoco tiene fin, y cuando yo me detenga, no se acabará. ¿Sólo queda escribir indefinidamente, hasta la muerte, dilatando cada fenómeno, *el* fenómeno,

nombrándolo con nombres siempre nuevos, intentando órdenes diversos, nuevas metáforas? O también: reabsorbamos el todo en un punto único –una sola descripción–, un solo nombre –un grito–, o el silencio.

25 — ¿He demostrado suficientemente esta matriz como para que todos puedan engancharla? Tal vez demasiado bien como para que a partir de ahora quiera hacerlo alguno.

Nota: —Texto escrito en 19..., leído parcialmente en un seminario de la Escuela freudiana en enero 1975, publicado "aquí y ahora".

U o "NO HAY META-LENGUAJE"

Reductio linguarum ad unam.
Leibnitz

I. Partición de los lenguajes

La investigación del lenguaje se distingue de cualquier otra en el hecho de que se efectúa, como cualquier otra, por el sesgo del lenguaje. Así resulta que tiene por medio su objeto.

Esas dos funciones, que en este caso el lenguaje sostiene a la vez, impiden saber bien de qué se habla cuando se habla de él en él. Y se inventó esto: escindirlo. Asignar un lenguaje a cada una de esas funciones, el cual no sostendría más que a una: lenguaje del que se habla, lenguaje-objeto; lenguaje-medio, aquel en el que se habla, meta-lenguaje. El segundo habla del primero.

Hay otra distinción que recubre ésta: uso/mención. La expongo según Quine, comparando los dos enunciados siguientes: (1) París es una ciudad; (2) París tiene dos sílabas. La misma palabra figura en (1) y en (2), y sin embargo no es la misma. Es la misma porque las escrituras son semejantes, pero no es la misma porque las funciones son distintas. París en (1) es el nombre de una ciudad, París en (2) es el nombre de una palabra. El enunciado (2) se refiere a una palabra que el enunciado (1) contiene, y (1) se refiere a una ciudad, no a una palabra. En (1), la palabra está utilizada, en (2) está mencionada, citada. París (2) quiere decir París (1).

Por consiguiente, una misma palabra designa a algo y a sí misma a la vez. Es urgente en la escritura despegar del uso la mención. Y cómo sino por alguna marca, por ejemplo, comillas. Cuando querramos

decir el nombre de palabras nos será preciso un complejo *palabra +
marca*: "París".

El nombre-de-palabra está en parte formado por el objeto que denota: figura su referencia. Por eso, escribe Quine, una cita es un jeroglífico. El formalizador de lenguajes inventa símbolos a su gusto.

(1), (2), (3)... Una vez efectuada, la división del lenguaje no podría
cesar. La primera fractura lo abre a una multiplicación infinita, pues
es suficiente *una marca más* para que la cita sea citada a su vez. Los
lenguajes se suceden, numerados, se escalonan según una grada-
ción, envolviendo el nivel n+1 al nivel n.

Las paradojas aparecen cuando esos estratos de lenguaje se des-
ploman. Los fenómenos aberrantes en el así llamado universo del discurso son efectos de *crasis*. El efecto de crasis necesariamente se produce en la lengua.

II. Hipótesis de la lengua única

La estratificación elemental de lenguajes no es otra cosa más que
una secuencia ordenada que tiene un límite inferior pero no superior.

Sea un lenguaje L_1; hablar de él exige un lenguaje L_2 que lo so-
brepase y objetive; igualmente hablar de L_2 exige L_3; etc.

Evidentemente no hay *un* metalenguaje, sino varios. No hay metalenguaje *absoluto*, el último como tal, del mismo modo que no existe
el más grande de los números.

Sin embargo, ¿cuál es el estatuto de ese *hecho*?, ¿un lenguaje llamado común es necesario en la comunicación de todo sistema formal?

Digo que es un *hecho*, porque el lógico lo comprueba como tal y no
puede eliminarlo. Un lenguaje formal sin el soporte de un lenguaje común sólo sería un criptograma sin cifra. Los jeroglíficos de los forma-
lismos deben ser mencionados para ser comprendidos.

¿Tuvo lugar ese hecho *en* el campo de la lógica matemática? Sin
duda, no. ¿Fuera de él, entonces? Sin embargo, es en el deslinde mismo de ese campo donde se impone. No le pertenece pero en cierto modo lo limita.

Al ineliminable lenguaje informal, Haskell B. Curry lo bautiza *U-
language*, "*the language being used*". "Todo lo que hacemos depende
del *U-language*; no podemos trascenderlo; todo lo que estudiamos lo
estudiamos por su intermedio." De ese lenguaje no hay meta.

De lo que Curry no saca conclusión alguna, salvo la de que ahí es preciso un "*savoir faire*": "Sin duda, siempre hay vaguedad inherente al lenguaje U; pero mediante un uso hábil podemos obtener cualquier grado de precisión por un proceso de aproximación sucesiva".

Yo digo otra cosa sobre él.

La lengua "utilizada", es acá esta lengua que se llama francesa, y la inglesa. Evidentemente, hay varias lenguas que pueden ser "utilizadas", como hay varias lenguas llamadas naturales. Pero yo nombro U la lengua en tanto se la utiliza aquí y ahora ("*being used*" - participio presente). Desde este punto de vista hay una y sólo una. La multiplicidad repugna a su concepto: la lengua U es *Unica*.

También puedo prescribir a la serie de lenguajes un límite absoluto, el de la lengua única, que no queda acá especificada por ninguna otra cosa sino esto, que es, en la estratificación, última. La lengua U es la lengua *Ultima*.

De dónde se sigue que *hay* un metalenguaje, y es la lengua U. ¡Hum!... Pero ¿de qué lenguaje-objeto?

En la serie de los lenguajes, cada Ln es objeto para cada Ln+1 y meta para cada Ln-1. Queda aquel por el que se comienza, y que no es sino objeto, puesto que sus palabras son cosas: letras, marcas, dibujos, huellas de tinta, significantes que no significan nada. En este sentido, todo lenguaje formalizado es lenguaje-objeto: es un ser de escritura. Y la lengua U es el meta-lenguaje de las escrituras. A ella se la habla (se puede hablarla).

¿Puede concebirse un lenguaje-objeto absolutamente primero y que pueda hablarse? Russell lo cree.

Reubico acá mis pasos en los suyos: la jerarquía de los lenguajes puede extenderse indefinidamente hacia arriba, pero no para abajo, si no el lenguaje no podría comenzar; por lo tanto, debe haber un lenguaje primario que no presupone la existencia de ningún otro; si es así, entonces nada puede decir de sí mismo pues se presupondría; sólo puede decir lo que hay y no lo que no hay; afirma, pero no puede negar; ni negación ni articulación: palabras, palabras donde cada una tiene un sentido de a una.

¿Puede ser hablado este lenguaje? No, ni hablado ni aprendido. El lenguaje no se aprende sino por el lenguaje (lo que admito, por lo demás, como demostrado). *No hay* lenguaje-objeto (en el sentido de Russell), no hay lenguaje primario.

Si la lengua U puede ser hablada, es porque puede hablar de sí misma. Es en sí misma meta-lenguaje y lenguaje-objeto. Por eso lo que ahora digo es: *no hay meta-lenguaje.* Y agrego: *hay la lengua única.*

Nadie que hable o escriba la trasciende. La lengua U no tiene exterior. No puede asignársele número en la jerarquía de lenguajes porque es la última como tal. Está, en relación a todos esos L, como el primer número infinito en relación a la serie de los enteros. Entre ella y un lenguaje cualquiera, hay una infinidad de lenguajes (este intervalo es denso).

No tiene límite. Se extiende a todo lo que se dice, o más bien a todo lo que se descifra. Todas las lenguas se reducen a ella sola. Es la versión, pervertida, que doy del proyecto de Leibniz. Pues la lengua a la que todas las otras se reducen, no es aquella en la que uno no podría engañarse, la lengua unívoca del cálculo, sino la última lengua única de todos los equívocos que no distingue la verdad del error, la lengua que está fuera de esta dicotomía, aunque esta última también está en ella.

Por la misma razón, siendo última para la jerarquía, la comprende sin embargo en su interior. También es parte de sí misma, única a la vez, y doble.

Esta U escindida por una división que no es ni partición ni desdoblamiento, sino clivaje y pliegue, la fijo con este nombre: el uno diádico. Diádico, lo que es uno en tanto dos.

La lengua U es diádica porque en ella se enlazan y se encabalgan lenguaje-objeto y meta-lenguaje, uso y mención. No estratificada, monoestrato, pero enrollada a la Moebius, la lengua única no cesa de citarse. Autónima (auto-reflexiva, auto-referente), es inconsistente.

La lengua U contiene su propia sintaxis. Desde luego, no es garantía de nada. Es en sí misma su verdad, verdad que no es lo contrario de la falsedad.

Tarski demuestra que una definición estructural de la verdad (o sea una definición de este tipo: un enunciado verdadero es un enunciado que posee determinadas propiedades referidas a la forma y orden secuencial de las partes elementales de la expresión) no puede obtenerse sino en la jerarquía de los lenguajes: Ln define la verdad para Ln-1. La lengua última es entonces el lugar de la verdad (el Otro) de los lenguajes. Pero a ese lugar ningún otro lo sobrepasa (no hay Otro del Otro, no hay metalenguaje). La verdad en U no tiene refugio. Errante, corre, muerde, insensata.

La verdad dice: "Hablo", y no: "Digo la verdad". Diría más bien: "Miento". Efecto soberbio de crasis, que enloquece el sentido y permanece indecidible. Pues la jerarquía de los tipos, de los lenguajes, no anula las antinomias. Solamente les da otra forma. No se ha hecho nunca sino *huir* de la paradoja, dice muy bien Curry, y agrega: "Debemos hacerle frente y mirarla a los ojos".

¿Llegará a mirar tanto como para ver que jamás *usamos* esta lengua paradojal? Ella es la que conduce a los sujetos que hablan. U no sirve para nada, no está hecha para servir. Con todo, nos comunicamos por su intermedio, pero ¿no es ésta una ilusión? U está ahí y habla completamente sola.

El lógico que monta sus máquinas para automatizar la verdad reprime su murmullo, sus quejas y sus aullidos, pero otro tanto hace el lingüista al creer que ella es el medio del hombre para transmitir lo que piensa: ¿qué hará con ese *ne* insituable que delimitan Damourette y Pichon?, ¿y de ese *heimlich* cuyo sentido desbarata la lógica de clases y el tercero-excluido?

En las construcciones cultas, como en todo discurso donde el sujeto se *hace comprender*, U emerge acá o allá, en puntos que aparecen *Utópicos* en el nivel en que se producen, aberraciones erráticamente distribuidas porque U se escabulle.

Tal vez pueda decirse, Gödel se lo pregunta, que "todo concepto tiene una significación en todas partes, salvo en ciertos 'puntos singulares' o 'puntos límites', de suerte que las paradojas aparecen como algo análogo a la división por cero". Ese cero es el sujeto de Lacan, diré para terminar, y U no está hecha sino de puntos singulares.

Nombro a todo esto "Hipótesis", no para decir que podría no plantéarsela, sino para afirmar que la lengua U está siempre ya allí, supuesta sin que se la plantee, y que en ella vivimos y hablamos. Sería... Dios, si hubiese un meta-lenguaje.

Imagino esto: la regla freudiana no tiene más función que introducir al sujeto a la dimensión U. Un análisis no es sino una travesía de la lengua única.

Nota de 1975: ¿Por qué publicar estas líneas antiguas? Por lo que hacen presentir de "lalengua", sin duda.

UN VIAJE A LAS ISLAS

Lacan no define la verdad como *adaequatio rei et intellectus*. No es el único, y no es heideggeriano por ello. Lo que debe a *Vom Wesen der Wahreit* es más bien la correlación de la ek-sistencia con la insistencia ("Ek-sistente, el *Dasein* es insistente").

La verdad de que se trata en psicoanálisis no se verifica, si verificar es certificar la conformidad.* Esto supone dos dimensiones por lo menos, exteriores la una a la otra –universo y discurso, objeto y representación (enunciado), objeto-lenguaje y lenguaje-meta–, supone que no hay, para el ser que tiene la palabra por "mundo", el *in-der-Sprache-sein*.

No es que sea de una sola pieza, puesto que el sistema lo desgarra. ¿Qué es el síntoma? La no-conformidad del sujeto al deseo; pero sujeto y deseo son ambos efectos de lenguaje. Desde ese momento el síntoma es valor de verdad, pero este valor es: lo falso.

La invitación a la asociación libre es la conminación dirigida al sujeto de que se abstenga de toda puesta en conformidad de su palabra, mediante lo cual lo que él pone en forma es su síntoma. La salida sería de reconciliación con el deseo o de identificación con el síntoma, y no

* En francés, *certifier conforme*, expresión que se asienta en la copia de un documento para indicar que responde enteramente al original. En castellano se utilizan otros modismos, pero la traducción se ciñe cuanto es posible al original a causa del particular hincapié que hace el autor a lo largo del artículo, en el término "conforme", "conformidad", etcétera. [N. de T.]

se obtiene sino por una interpretación que no es meta-lenguaje y que no detenta las claves de lo verdadero y de lo falso sino implicándolos a ambos también.

La verdad en psicoanálisis no es del enunciado sino de la enunciación. Por eso Lacan la hace hablar en primera persona. "Yo, la verdad, hablo", y no "yo digo la verdad": la verdad no dice la verdad. No es en esta prosopopeya sino uno de los nombres del Otro del que no hay Otro: el mentiroso sin mentor.

Al Otro de la verdad le costaría mucho ser conformista, puesto que no tiene ningún Otro por modelo. Esto no impide al psicoanalista aspirar siempre a que se certifique su conformidad. Para ello le es necesario disponer del ídolo que él erige de la comunidad de sus semejantes. Desde Lacan, hay felizmente psicoanalistas que no se funden en el *se* [on] del conformismo, pero casi siempre para identificarse con el yo [je] de la verdad. La verdad retozona y vagabunda, imprevisible y contradictoria, pequeña *aletheia* tornasolada y guasona que no levanta su vestido sino para sustraerse, mientras tras sus talones el pesado concepto se sofoca, los encanta, les hace creer que la esencia de la verdad es el capricho, y se dedican a obrar igual.

Pero éste no es su oficio, que consiste en dirigir el saber a su lugar (abajo, a la izquierda). Los psicoanalistas no tienen que llevar a las nubes a esta amada ni, solteros desnudarla, sino radiografiarla. El núcleo de la verdad (la verdad como causa material) es el significante, y por eso V, F y lo que sigue, bastan para articular las verdades últimas que nos interesan.

Intento aquí facilitar el camino que conduce de la verdad que habla yo [je] al significante que se escribe. Si es demasiado escarpado, me contentaré con recordar que fue el traductor de Heidegger (en el primer número de la revista *La psychanalyse*) quien escribió (en el segundo de Scilicet, pág. 397): "...la manera en que la verdad se formaliza en la ciencia, a saber la lógica formal, es para nosotros punto de mira por tener que extenderla a la estructura del lenguaje".

I. El teatro de Raymond Smullyan

Dejo de lado la famosa historia del judío que pregunta al otro "¿por qué me dices que vas a Lemberg para que crea que vas a Cracovia, si vas a Lemberg?", salvo para destacar que el jesuita sabe también que la mentira más segura es el decir-verdadero: lo judío en ese "por qué.."

es que tú eres tan como yo en tu judería que, digas lo que digas, no tengo más que mirarme para saber lo que vas a hacer ¿por qué hablarme en vez de hacer un guiño? Me dirijo a otra, bien conocida por haber sido propuesta como ejemplo, al lado del problema de los prisioneros y del peso de las doce monedas a los que Lacan da la relevancia que se conoce, en el *Code des jeux* del *Livre de poche*, a título de ejercicio de lógica pura (pág. 267).

Una encrucijada de la que parten dos caminos. Uno solo es el correcto. Dos personajes son los únicos que lo conocen. Uno miente siempre, y el otro dice siempre la verdad. ¿Cómo saber cuál es el camino correcto haciendo una sola pregunta a uno solo de ellos?

Aquí, dos Esfinges responden, y es Edipo el que formula la pregunta.

Invito al lector a dejar de lado este número de *Ornicar?* al final de esta frase para devanarse un poco los sesos: la solución figura en el párrafo siguiente.

Solución: De buenas a primeras, de ninguno se puede obtener nada. Por lo tanto hay que obrar con astucia, es decir indirectamente, y preguntar a uno lo que el otro respondería a la pregunta de cuál es el camino correcto. Se dirija uno al veraz o al mentiroso, apuntará hacia el malo, y por lo tanto hacia el bueno, *a contrario*.

Los datos son todos simétricos: las dos sendas (tres, eso sería harina de otro costal), una correcta y la otra incorrecta, los dos personajes, puras encarnaciones de la letra lógica, siervos de lo verdadero y de lo falso, y donde se supone al uno y al otro saber lo verdadero, no sólo sobre la senda a seguir sino sobre la naturaleza de su compadre. Lo que revela la asimetría es el circuito de la pregunta: que lo verdadero sobre lo falso iguala a lo falso sobre lo verdadero. Uno dice la verdad y el otro miente, pero por el uso que hago de ellos, de ellos me burlo. Además, sé distinguir ahora el buen camino del malo, sin perjuicio de ignorar quién es quién de los dos comisionados.

¿No se diría que la verdad habla a través de lo verdadero y de lo falso sin quedárseles pegoteada? Ella no hace caso de los querer-decir, pero con la condición de que se maneje como se debe el sistema V-F que uno encuentra ahí, que no se apunte a la cosa sino por el rodeo del enunciado del otro: el veraz estúpido se hace conforme con lo falso que es aquí el hecho, mientras que el mentiroso inveterado invierte neciamente el valor de verdad que el acólito acostumbra. Hacen falta estos dos cretinos para hacer valer la astucia; que es la tuya, oh lector, hayas o no logrado orientarte solo, puesto que ahora en todo caso te impacientas para que yo explique lo que ya has hecho tuyo (el lector así atacado es imaginario, pero sé lo que digo, por haberlo experimentado en mi curso de Vincennes).

Déjame aún subrayar que no serías tan perspicaz si nuestros dos lógicos aplicados no fueran tan tontos, y que es su respuesta maquinal la que permite la pregunta con que los maniatas: si la palabra es de verdad, de saber es el lenguaje.

Así, no pienses que te libras de ellos con el minúsculo saber que esta historia pone en escena, pues voy a sorprenderte con una maniobra de mi autoría (esa maniobra no está en *Le livre de poche*). Si sustraigo el dato de que los dos cretinos tienen consignas contrarias, si te dejo inseguro en cuanto a saber si quizá no son ambos veraces o ambos mentirosos o, como hace un momento, opuestos, ¿sabrás aún construir la pregunta única que te enseñará el buen camino? Has de saber, y esto te ayudará, que la pregunta es la misma si no hay más que un solo encargado de responderte, veraz o mentiroso, no se sabe (pero por hipócrita: programado).

Hacer el ejercicio permite apreciar la solución, que viene después.

Solución: Preguntar al comisionado: "¿La proposición de que este camino es el correcto, es equivalente a la proposición de que tú eres veraz?" (ser equivalentes, para dos proposiciones, quiere decir tener el mismo valor de verdad). Si su respuesta es sí, el camino es el correcto, y si es no, el incorrecto.

Hace falta sin duda que pormenorice.

1) Si es el camino correcto

a) y el comisionado es veraz, las dos proposiciones son equivalentes y el comisionado veraz te responde *sí*;

b) mientras que si el comisionado no es veraz, las proposiciones no son equivalentes y por lo tanto el comisionado mentiroso te responde sí, él también.

2) Si es el camino incorrecto, el mismo razonamiento demuestra que el comisionado responderá no.

De este modo, la pregunta que haces te enseña la respuesta a la que no haces, pero esta vez sin ninguna mediación por la respuesta del otro. Basta con una sola Esfinge que dice siempre la verdad al Edipo que sabe oírla más allá de lo que dice, o sea: más allá de lo verdadero y de lo falso. Pero aun es preciso que Edipo entienda de lógica proposicional.

Ahí es quizá donde aprieta el zapato... No creas, lector, que me las doy de guapo a tus expensas, puesto que te presento *illico presto* la

labor que te sacará de apuros y te enseñará lo que hay que saber de
este rudimento, y con buen humor, sobre el pequeño teatro al que te
he hecho subir y donde se reunirá contigo una zarabanda de Esfín-
ges a quienes dar la réplica.

El *metteur en scène* de esta turcada ha inscripto ya su nombre en
la historia matemática al ofrecer del primer teorema de incompletud
de Gödel y de la indecibilidad de los sistemas formales, una demostración simplificada que marcó una fecha por constituir un penetrante
análisis de aquellos (*Theory of Formal Systems*, Princeton, 1961): he
nombrado a Raymond M. Smullyan.

Es un mago; quiero decir que se ganó la vida como prestidigitador
antes de ser profesor de lógica. Antes de éste, escribió un libro sobre
el Tao, y el que comentamos lleva un título bien adecuado para deso-
rientar a los Cíclopes, y a los libreros anglófonos: *What is the name
of this book?* Nada menos que 270 rompecabezas lógicos. Varias de-
cenas, todos inéditos nada más que sobre el principio del siempre-
veraz y del mentiroso perpetuo.

Primero está la isla de los *knights and knaves*: los nobles dicen
siempre la verdad, los villanos siempre mienten, y ambos son imbati-
bles en materia de lógica de las proposiciones. En la isla sólo están
ellos y usted, viajero venido de otras regiones.

Se encuentra usted con dos insulares. Si A le dice: "Yo soy un villano o B es un noble", ¿qué conclusión saca usted? Observe que, en la
isla, la disyunción es evidentemente inclusiva: "P o Q" es verdadero
si al menos uno de P o Q es verdadero, lo cual quiere decir que los dos
pueden serlo (disyunción exclusiva: uno y uno solo de los dos debe ser
verdadero). Le será útil recordar que:

P	Q	P o Q
V	V	V
V	F	V
F	V	V
F	F	F

Esta tablita de verdad encierra todo el saber que se necesita para
descifrar la proposición de A. Interrumpa aquí su lectura y dé un pensamiento a este ejercicio....

Solución: Por supuesto, si A fuera un villano, la primera proposición ("Yo soy un villano") sería verdadera, y por lo tanto la disyunción de las dos proposiciones también; en consecuencia, habría dicho la verdad (según la lógica proposicional), lo cual le es imposible ya que A es un honesto villano. No: es preciso que A sea noble, la primera proposición es entonces falsa y, como él dice la verdad, la segunda ("B es noble") debe ser verdadera.

No es demasiado difícil, pero no es corriente que la veracidad de aquel que les propone los problemas de lógica sea un componente del problema. ¿Y por qué? Pues porque los profesores de lógica son todos *knights*, es decir, puras creaciones de su discurso, ficciones de la lógica formal, y han tenido el descaro de expulsar a los *knaves* para que nadie se pregunte nunca "¿quién habla?".

Vean como este pálido cuadro se va animando si, en lugar de suponerle un sujeto único atornillado a lo verdadero, ustedes lo dividen. Queda de inmediato en evidencia que toda disyunción de la que "yo soy un villano" es una proposición: 1) no puede ser proferida más que por un noble; 2) y que la otra proposición es verdadera.

La implicación ofrece recursos comparables. A dice: "Si yo soy noble, B lo es también". ¿Quién es qué cosa? Repasen la tabla de verdad antes de buscar la respuesta.

P	Q	P → Q
V	V	V
V	F	F
F	V	V
F	F	V

Solución: Si A fuera un villano, P sería falso, y por lo tanto "P→Q" verdadero: imposible. Por lo tanto, P es verdadero, y Q también.

De una manera general, es evidente que basta con que una implicación Q sea verdadera, para que sólo haya podido ser proferida por un noble (puesto que es verdadera).

Otro problema: pregunta usted a un insular si hay oro en la isla, y él le responde: "Lo hay si y solamente si yo soy noble". ¿Qué conclusión saca usted?

Solución: Smullyan explota aquí las posibilidades de la equivalencia, como lo hice yo poco antes con la historia de la encrucijada. Si un sujeto que respeta la lógica de las proposiciones afirma la equivalencia de su propia veracidad y de una proposición P, mienta o diga la verdad P es verdadero.

¡Cada vez más difícil! Hay otra isla lógica en la que nacen hombres que dicen siempre la verdad, y zombis que se les parecen en todo salvo que mienten siempre, ¡y sería igual que entre los *K*. and *K*. si no tuviesen la fastidiosa costumbre de no decir *sí* y *no*, sino *Bal* y *Da*, y uno no sabe cuál quiere decir qué cosa! No se imaginan ustedes la cantidad de cosas que sin embargo se puede aprender de ellos desde el vamos.

1) Por ejemplo, una sola pregunta basta para saber qué quieren decir *Bal* y *Da* ¿Cuál es? (piensen).

Solución. Pues bien, preguntará usted simplemente: "¿Eres un hombre?" Todos los insulares contestan sí, en su lengua, a esta pregunta, incluidos los zombis (que mienten).

2) Por el contrario, ¿qué le permite a usted averiguar la simple pregunta: "¿*Bal* quiere decir *sí*?" (reflexionen).

Solución. El que responde *Bal* es un hombre, y el que responde *Da*, un zombi. En efecto, si *Bal* quiere decir sí, al responderse *Bal* se dice la verdad; si *Bal* no quiere decir sí sino no, al responderse *Bal* también se dice la verdad. Lo contrario, si se responde *Da*. Observen bien el entrecruce entre preguntas y respuestas 1) y 2).

Bal y *Da* dan lugar a muchas escenitas que leerán ustedes en el libro. Me referiré ahora a la tercera variación, la más sorprendente, que pone al desnudo una suposición inadvertida. Para decir infaliblemente lo verdadero o lo falso, aún es preciso conocer lo uno y conocer lo otro...

Vayamos a Transilvania. Una mitad de su población es humana, y la otra está compuesta por vampiros, indiscernibles de los humanos salvo que éstos dicen la verdad y aquellos mienten. Hasta aquí, estamos en un país de conocimiento. ¡Pero cuidado! Una mitad de la población está en su sano juicio, es decir que sabe lo que es verdadero y lo que es falso, mientras que la otra está loca de atar, como ser, toma lo verdadero por lo falso y viceversa. La población comprende, pues, cuatro tipos de individuos:

—*el hombre sano*, que dice siempre lo verdadero;

—*el hombre loco*, que dice siempre lo falso pero creyendo decir lo verdadero;

—*el vampiro sano*, que miente siempre;

—*el vampiro loco*, que dice siempre la verdad, pero creyendo mentir.

¿No es una invención deliciosa este vampiro loco, digna de Alicia, a la que además se ve pasar por estas páginas?

—¿Cómo saber de un transilvaniano, con una sola pregunta, si es un hombre o un vampiro?

—¿De igual modo, con una sola pregunta, si está en su sano juicio o no?

—Hallar una pregunta a la cual todo transilvaniano responde *sí*. Etc.

Y además están los transilvanianos de la alta sociedad, *snobs* que no dicen *sí* y *no* sino *Bal* y *Da*: ¿cómo, con una sola pregunta...?, etc.

Y ahora, el increíble enigma de Drácula en persona: ¡hay una manera de interrogar a un transilvaniano de la alta sociedad que permite obtener de él, cualquiera que sea su tipo, la verdad sobre lo que fuere! ¡Y si ustedes no la encuentran, Drácula les chupará la sangre!

Todas las respuestas están en el libro. Y muchas cosas más que no he dicho. El último capítulo es un viaje a las islas Gödelianas y Doblemente-Gödelianas, todo un archipiélago poblado de *knights* y de *knaves*, y de sus clubes..., unas diez páginas que, sin más lógica de la que hubiesen necesitado para leer esta crónica les despliegan el funcionamiento de una máquina que ha abierto un agujero tan grande en el fantasma moderno del saber.

What is the name of this book?, si la editorial Seuil hubiese querido, habría tenido espacio en las *Connexions du Champ freudien*. Espero que sin embargo lo traduzcan. Mientras tanto, lo encontrarán en la *Librairie des Presses Universitaires étrangères*, calle Soufflot, donde lo hice traer, y en *Offi-Lib*, de la calle Gay-Lussac.

II. Lógicas inconsistentes

La escuela brasileña de lógica matemática se ha especializado en lógicas inconsistentes. Son islas-hospitales, como en Venecia, que reciben, atienden y reconfortan a algunos relegados del discurso de la ciencia, cojos, reformados en consejo de revisión. Se les acondiciona un mundito confortable, se les da una pequeña tarea, y el conjunto gira a cámara lenta. Los norteamericanos les dejan eso a los sudamericanos.

Pero nosotros, en el discurso del psicoanálisis, estamos más bien por los sudamericanos. Las lógicas débiles nos interesan, la lógica del significante es una de ellas, puesto que admite entidades no idénticas a sí mismas.

Se dice que un sistema formal S es inconsistente si una fórmula de S y su negación forman ambas partes de sus teoremas. Si la lógica que sostiene el sistema es clásica, basta con que sea inconsistente para que todas sus fórmulas sean otros tantos teoremas, es decir: para que todo lo que se formula en su lenguaje sea demostrable, todo y lo contrario de todo. De un sistema semejante, donde es noche cerrada, se dice que es trivial.

¿Todo sistema inconsistente es trivial? Puede ser que no, si se altera su lógica, si se lo debilita lo suficiente como para demostrar ciertas fórmulas y sus negaciones sin que la epidemia invada el sistema entero. De ahí la idea de sistemas inconsistentes no triviales, donde al menos una fórmula no es demostrable.

Debilitar la lógica de un lenguaje extiende su "ontología" (su "universo del discurso") hasta recibir, sin que todo estalle, seres paradójicos, la clase russelliana, por ejemplo, o los objetos de Meinog (o, para nosotros, $\mathcal{S}$, a, etc.).

Para hacerlo es inevitable agarrársela con el principio de contradicción, pero es imposible anularlo pura y simplemente sin trivializar el sistema. Así que el procedimiento general consiste en distinguir dos negaciones, una clásica "fuerte", es decir que funciona según el esquema del principio (aquí $\overset{*}{}$), y la otra, debilitada ($\sim$), de tal suerte que de la conjunción A y $\sim$A, no sea deducible una fórmula cualquiera B. Se admite, pues: $\vdash$A & $\sim$A, pero no:$\vdash$ A & $\overset{*}{}$ A. La teoría de conjuntos edificada sobre esta lógica admite muy bien la clase R de Russell (con negación débil):$\vdash$R $\notin$ R, $\vdash$ R $\in$ R , $\vdash$R $\in$ R & R $\notin$ R, $\vdash$R $\cup \overline{R}$ = V, $\vdash$R $\in$ R $\cap \overline{R}$, etc.

Lo menos que se puede decir es que la utilidad de estos trabajos en lógica no está demostrada. Pero la lógica del significante les sacará provecho. Con este espíritu es que señalo la aparición reciente en North-Holland del *Tercer simposio latinoamericano de lógica matemática,* realizado hace tres años en San Pablo.

La primera parte presenta en particular las investigaciones de dos precursores de las lógicas inconsistentes, Vasil'èv y Jaskowski.

N. A. Vasil'èv, ruso, fallecido en 1940, quiso ser el Lobachevsky de la lógica aristotélica. El distinguía el campo de la "metalógica", donde se alojan los principios intocables salvo abandonando la lógica, en particular el principio de contradicción en tanto que vale para los "juicios", y la lógica que podemos llamar "ontológica", cuyas leyes son funciones de las propiedades de los objetos de que se trata. Desde esta perspectiva intentó construir una lógica *imaginaria* cuyos objetos son susceptibles de juicios contradictorios, como "S es P y no P". De ahí una ley (ontológica) del *cuarto excluido*, y luego su generalización, una ley del *(n + 1)ésimo* excluido, con n ≥ 1.

El polaco S. Jaskowski intentó, en 1948-49, formalizar una lógica de la contradicción que él bautizó como lógica discursiva de las proposiciones, y que en realidad es una interpretación del sistema modal S_5 de Lewis.

Por otra parte, todos los ensayos de lógicas inconsistentes se prestan a comparaciones con las lógicas modales e intuicionistas.

Lo más difícil es demostrar su no trivialidad.

*

Terminaré indicando un trabajo de referencia cuyo precio es prohibitivo, como el de la mayoría de los libros editados por *Reidel*. Se trata de *Modern uses of Multiple-Valued Logic*, que llama la atención por su bibliografía de lógica plurivalente (1966-74), que completa la de Nicolas Rescher en su *Many-Valued Logic* de 1969.

Entre las contribuciones, fuera de una exposición, una más, de su lógica flexible por L. A. Zadeh, encontramos la teoría, más nueva, de una computadora de cuatro valores, por N. D. Belnap.

La computadora de Belnap es lo suficientemente sofisticada como para no entrar en huelga, como sus camaradas bivalentes, si se le dice una cosa y su contrario, porque dispone de cuatro valores identificables con los cuatro subconjuntos del conjunto de los dos valores de verdad clásica: *Verdadero / Falso / Ni lo uno ni lo otro / Lo uno y lo otro*. Si no se le dice nada de uno de sus datos de base, tiene valor 3. Si se le dice que es verdadera, toma el valor 1. Pero si se le dice después que es falsa, Belnap no la lleva a 3 ni la borra: la hace pasar a 4. Estos valores definen, así, cuatro "estados epistémicos" de la máquina.

Por supuesto, la lógica que él le da no contiene el esquema:

A & ~ A →, B. Ablación indispensable en todo sistema que se pretenda resistente a la contradicción.

BIBLIOGRAFIA

Raymond M. Smullyan, *What is the name of this book?*, Prentice Hall, 1978.
A. I. Arruda, N. C. A. da Costa, R. Chuaqui, *Non-Classical Logics, Model Theory, and Computability*, North-Holland, 1977.
J. M. Dunn y G. Epstein, *Modern Uses of Multiple-Valued Logics*, Reidel, 1977.

S' TRUC DURE

Debo decirlo: que sean ustedes tan numerosos para una exposición de título tan austero es una prueba, notable, de la penetración de la enseñanza de Lacan.

Me sorprendería que se lograra reunir un sábado a la tarde, en Toulouse, a cuatrocientas personas, si ellas no esperasen que se les hable de psicoanálisis.

Voy a hablar entonces de psicoanálisis, pero también de la estructura. Este término me da la oportunidad de volver a lo que fue el origen de mi interés por la enseñanza de Lacan, porque es en el contexto del estructuralismo, que estuvo, en un momento dado, de moda – ya no, por otra parte– que esta enseñanza comenzó a difundirse entre el público; y ustedes son ese público, veinte años después. Lo que quiere decir que la estructura, si me permiten, es un asunto que dura [S'truc dure*] desde hace más de treinta años.

Uno no se ocuparía de la estructura en el psicoanálisis si Lacan no la hubiera introducido en él. Destacaré de entrada que cuando Lacan dice "la estructura" en singular, se trata de la del lenguaje. Incluso el genitivo está de más: para él, estructura –tomando la palabra en sentido estricto– quiere decir lenguaje.

Por supuesto que están también las estructuras, pero del término estructura Lacan no hace sino un empleo en singular.

¿Esto quiere decir que se trata de lo que comúnmente se llama un

* Juego de palabras entre *structure* (estructura) y *s'truc dure* (este asunto dura o este asunto duro). [N. de T.]

punto de vista estructural del psicoanálisis? ¡Uno conoce eso! Es incluso así como se ordena tradicionalmente el desarrollo de la obra de Freud: se distinguen el punto de vista dinámico, el punto de vista económico y el llamado estructural; es en este sentido que se llama estructural a la ubicación hecha por Freud, en su segunda tópica, del yo, el ello y el superyó, y asimismo a la organización, la aprehensión de la experiencia analítica a partir de estas tres instancias y de las tensiones que implican las relaciones que mantienen unas con otras.

¿Se trata, con Lacan, y entonces para nosotros en la experiencia analítica de hoy en día, de la construcción de otro punto de vista estructural? No.

Esto nos plantea el interrogante por los lazos, a mantener o deshacer, entre el estructuralismo y el psicoanálisis. El estructuralismo, en lingüística, es un estado que se puede considerar superado. Si en los años cincuenta la lingüística estructural podía estar a la cabeza de las ciencias humanas e incluso ser piloto para una reflexión, se vio, a mediados de los años sesenta, levantarse el nuevo astro de la lingüística llamada transformacional, que recubrió el universo lingüístico, y que hoy en día está, debido a su mismo éxito, un poco roída por dificultades internas. En todo caso no tiene, en las ciencias humanas, el brillo que tuvo la lingüística estructural.

La pregunta que entonces se plantea es saber si hay una dependencia de la enseñanza de Lacan con respecto a la lingüística estructural, y, siendo esta referencia considerada científicamente superada, si eso hace perimir al mismo tiempo esa enseñanza que es el psicoanálisis. La pregunta es de peso, sobre todo epistemológico.

El estructuralismo que Lacan toma como referencia no es lo que llegó a ser a partir de mediados de los años sesenta, cuando se vio difundirse un estructuralismo de la crítica literaria, en tanto se creía que las novelas, las obras poéticas, estaban compuestas en conexión directa con las estructuras. Ese estructuralismo pertenece a lo que Lacan puso en el mismo plano que los Parnasos y los simbolismos, y en el momento más intenso de esta moda profetizó su extinción para la temporada siguiente. De hecho, duró dos o tres años. Desde este punto de vista el estructuralismo fue, en Francia, uno de esos pequeños revuelos de la *intelligentsia* como se vieron otros, los "nuevos filósofos", por ejemplo, de los que quizás algunos se acuerden; eso duró... tres meses.

El estructuralismo del que se trata en Lacan es otro, es el que tiene su fuente en F. de Saussure, con su *Curso de lingüística general,* al que

R. Jakobson y su binarismo tornaron extraordinariamente operativo, y que Lévi-Strauss encontró en los Estados Unidos durante la segunda guerra mundial. En el fondo, si la lingüística pudo ser considerada ciencia piloto para las ciencias humanas, es porque Lévi-Strauss, escuchando a Jakobson, comenzó a ordenar su material a partir de allí.

He aquí la tríada en la que puede decirse que Lacan se apoyó al comienzo de su enseñanza, y aun cuando es de la misma generación que Lévi-Strauss, el comienzo, propiamente hablando, de su enseñanza –es decir su "Informe de Roma– no es concebible en sus términos sin *Las estructuras elementales del parentesco* y otros textos de Lévi-Strauss.

Si pregunto a boca de jarro: "¿Qué, del estructuralismo, es hoy todavía necesario para aprehender aquello de lo que se trata en la experiencia analítica, qué respondería?

Para comenzar acentuaría que el estructuralismo es un anti-sustancialismo y que, cualesquiera sean los desplazamientos, los supuestos progresos de la ciencia del dominio lingüístico, eso permanece para nosotros ineliminable. Aclaro el término anti-sustancialismo. El sustancialismo es una doctrina que supone, que implica, que se funda en la diferencia de las propiedades intrínsecas de los seres, implica entonces que existen sustancias –sustancias concretas– dotadas de propiedades, que pueden ser consideradas en sí mismas.

El estructuralismo formula otra hipótesis –el término hipótesis es el que emplea Hjemslev, gran lingüista un poco descuidado quien formula que la hipótesis estructuralista propone que se definan las magnitudes por las relaciones y no inversamente–. Esto es decisivo y coherente con la noción de Saussure, a saber, que en la lengua no hay más que diferencias.

Hice el esfuerzo de traer aquí una edición del *Curso de lingüística...* de Saussure. Voy a leerles un pasaje porque, epistemológicamente, es decisivo para el psicoanálisis en su prolongación lacaniana:

"Todo lo que precede [es su análisis del signo] quiere decir que en la lengua no hay más que diferencias; más aun, las diferencias suponen en general términos positivos entre los cuales ellas se establecen, pero en la lengua no hay más que diferencias sin términos positivos".

Es una concepción verdaderamente sorprendente porque, como punto de partida, toma lo que aparece como una realidad concreta, justamente positiva, y la considera como compuesta, reducida a oposiciones sin sustancia. Empleo ese término haciéndole eco al "término positivo" de Saussure. El binarismo jakobsoniano lleva esta concepción a su extremo –en particular en la fonología– considerando que en este terreno todo puede formularse simplemente a partir de una oposición de dos, a partir de un vocabulario, si puede decirse, reducido al más y al menos, marcado y no marcado, a partir entonces de una mínima oposición simbólica binaria. Lacan mantendrá esta estructura binaria a todo lo largo de su enseñanza, y ustedes encontrarán su marca incluso en sus últimos esquemas que conllevan la escritura S_1, S_2. Es la herencia directa de la hipótesis estructuralista: el mínimo del significante es dos. El estructuralismo, en este sentido, hace desvanecer los misterios, las profundidades de la hipótesis del en-sí. Expone por el contrario las cosas en superficie, a partir de correlaciones elementales que, combinándose, pueden tornarse complejas, pero que no permiten la consideración de los grados. Todo está estructurado, lo que quiere decir: no implica sino oposiciones por el todo o nada, y no por grados insensibles o envolvimientos.

A decir verdad, no existe punto de vista –si éste lo es– aparentemente más opuesto a lo que requiere una localización del inconsciente –del inconsciente cuando se lo considera desde un punto de vista romántico–. La lengua –y en consecuencia las estructuras que ella define– aparece allí ligada a una puesta en superficie según oposiciones. Lacan, por otra parte, no dejó de trazar, de poner en la superficie esas estructuras, y la estructura y el grafo están perfectamente enlazados, aun independientemente del psicoanálisis. A continuación voy a intentar deducir de lo que implica la hipótesis estructuralista, aspectos que ustedes podrían creer debidos a la originalidad, a las elucubraciones de Lacan, pero que se deducen de ese punto de partida.

Primero: si uno toma en serio que en la lengua no hay más que diferencias, si uno se interesa en la combinación de los elementos –definidos todos solamente por diferencia, sin que haya entonces que suponerlos sustanciales– e intenta combinarlos, está de entrada en una relación que implica que uno remite al otro. Por ahí somos entonces introducidos en una estructura que ya es, precisamente, de cadena.

Cuando Lacan formula "el significante representa al sujeto para otro significante", este enunciado parece complejo porque es tautológico, en cierto modo es una burla definir al significante por una proposición que lleva en sí misma la palabra significante. Pero es una tautología fecunda porque valoriza ese rasgo que implica la hipótesis estructuralista: un significante remite siempre a otro significante. Ya veremos cómo Lacan introduce allí al sujeto.

Segundo: la hipótesis estructuralista implica que en una dimensión dada, los elementos se definen unos en relación a otros, lo que supone su conjunto de definiciones correlativas. Considerando de cerca la cadena significante, se impone lo que Lacan llama, con una bonita expresión, el tesoro de los significantes, que permite introducir en esta concepción la teoría de los conjuntos. Lacan no se privó de explotar los recursos de las paradojas de la teoría de los conjuntos a este nivel.

La idea de cadena significante, de tesoro de los significantes está entonces implicada por la hipótesis estructuralista.

Tercero –me sostengo sobre una cabeza de alfiler, pero no hay que creer que me dedico a juegos de prestidigitación, por el contrario creo que doy a cada uno la posibilidad de verificar el eslabón precedente–, tercero entonces, la función del Otro en tanto tal es deducible de ese binarismo, porque uno no puede tomar uno de esos elementos sin ser remitido al otro. Entonces, la función del Otro, del Otro como tal, para cada uno, está inscripta también en esta hipótesis estructuralista. Lacan, con su concepto del gran Otro, no hará más que valorizarla, tomarla en serio. Evidentemente es un concepto muy refinado el de gran Otro, porque nombra, con la misma inscripción, tanto al Otro al que uno es remitido como al Otro en tanto que tesoro. Por eso –lo veremos enseguida– hay aquí una pequeña torsión. Pero ya la hipótesis estructuralista conlleva que la definición del UNO, y de todo UNO, está fuera de él, está en el Otro, y que en este sentido opera una división que se capta al nivel mismo de la definición. Es lo que Lacan escribirá simplemente S_1, S_2. Esto puede recibir significaciones diversas pero está fundado en este principio: puede ser un significante, S_1, en tanto se opone al otro, S_2; o también un significante en tanto se opone a todos los otros del conjunto. Según las necesidades de la ocasión, Lacan habla de S_1 como de un significante que se opone a S_2, resumiendo a todos los otros, o da a S_1 el valor de enjambre [*essaim*]* y entonces "todos los otros" está del lado del S_1, y es S_2 el que aparece como el significante al que todos los otros se oponen. No crean que en los *Escritos* o en los *Seminarios* de Lacan, S_1 y S_2 tienen un significado unívoco, y hay que comprender las razones de esta formalización.

* Homofonía en francés entre *essaim* (enjambre) y S_1. [N. de T.]

Cuarto, y siempre de modo elemental, la hipótesis estructuralista tiene un efecto de aligeramiento: produce por sí misma una falta en ser generalizada porque es, precisamente, de-sustancializante y, en este sentido, se despliega en la falta en ser. Uno ya no ve cosas concretas, ya no ve individuos, cada uno aislable, definible en tanto tal, uno ya no ve sino diferencias, sin término positivo. Debido a esto, la presencia se convierte en un problema, porque lo que llamé "relación de remisión" instala el afuera como la dimensión fundamental, pero el elemento de presencia se torna a partir de allí mucho más problemático y –hay que decirlo– Lacan no va a recuperar este elemento de presencia más que a nivel del objeto que llamó *a*, es decir fuera de la estructura del lenguaje.

Por otra parte, esta falta en ser no es simplemente lo que hace desvanecerse a la presencia, es una ley; no es la identidad, es la desidentidad; cada elemento tiene su identidad fuera de sí y por eso mismo esto permite introducir una problemática de la identificación. Es necesario darse cuenta que el término identificación no puede funcionar más que en una dimensión donde los seres no tienen su identidad o donde esta identidad está fracturada, clivada y ya deportada fuera de sí misma.

Al respecto, se puede decir que la hipótesis estructuralista es analítica, porque nos coloca de entrada en la fragmentación, oponiéndose a todo vitalismo, a todo globalismo. Ella implica lo que Lacan extrae de ella: en tanto el sujeto es sujeto del lenguaje, ya está muerto.

Ese "ya muerto" que implica la lengua es lo que Freud percibió, a su manera, con la pulsión de muerte. Que el lenguaje se transforme no autoriza a hablar de la vida del lenguaje.

Saltearé el quinto, es decir la distinción del significante y del significado que ustedes deben conocer.

Sexto: Dado que para la hipótesis estructuralista lo fundamental son las relaciones, ella introduce una tópica. Las relaciones implican lugares. Una relación binaria conlleva por ejemplo un lugar inicial y un lugar terminal. Entonces, dado que estos "puntos de vista" (entre comillas) relacionales aparecen como esenciales, se está también en una problemática del lugar, y como los elementos no son positivos, es decir no tienen propiedades intrínsecas sino solamente propiedades extrínsecas, esto se traduce de la manera siguiente: sus propiedades esenciales dependen del lugar que ocupan en la red de relaciones. Por aquí se introduce eso que leemos corrientemente y en distintas disciplinas, en todo caso literarias: "lo que ocupa el lugar de", "tal ele-

mento ocupa el lugar de tal otro". ¡Esto es esencial! Razonar así sigue
el hilo de la hipótesis estructuralista y lo que tiene la misma fraseo-
logía, en cierto modo tópica, está enlazado a ese punto de vista que no
otorga propiedades a los elementos más que por el lugar que ocupan
en las relaciones. Se trata entonces de un lenguaje no sustancialista,
es decir que un elemento no transporta sus propiedades cuando ocupa otro lugar, sino que adquiere propiedades totalmente nuevas correspondientes al lugar. Es por esto que una tópica –no llegaría a decir una topología– está implicada en la hipótesis estructuralista. Podría agregar que la hipótesis estructuralista implica también la consideración, en esa tópica, de relaciones de sucesión y de permutación
entre esos elementos. Lacan permaneció fiel a esta orientación durante toda su enseñanza, y cuando ubica lo que llama "los cuatro discursos", obtiene el discurso universitario y el discurso analítico por
permutaciones de elementos. Esta orientación permanece entonces
como un hilo constante de su reflexión, que no está separada de la hipótesis estructuralista, y ella justifica el lugar, en su enseñanza, de
consideraciones propiamente combinatorias, decisivas en la inaugu-
ración de su concepto de inconsciente.

Diré incluso que puedo deducir de la hipótesis estructuralista la
distinción de lo simbólico, lo imaginario y lo real.

Ese binarismo, esa red de relaciones que se sostiene mínimamente
en la oposición, es sin ninguna duda lo que Lacan llama lo simbólico. ¡El orden simbólico es un orden fundado en el binarismo jakobsoniano! Ciertamente, Lacan lo enriqueció, pero es de entrada un orden
no sustancial que es exactamente una ley. El no veía allí primero la
Ley del Padre, él dice: "una ley que dispone las relaciones entre sus
elementos". Es evidente que esto deja fuera a las representaciones.
Mientras el binarismo es demostrable a nivel del significante, dificil-
mente uno pueda pretender ubicarlo a nivel del significado, lo que deja
entonces fuera de lo simbólico y de la ley simbólica la dimensión de
las representaciones que uno se hace a partir de esa red de relaciones.
Esto es lo imaginario: allí existe el más y el menos; allí existe una
inercia especial; allí existe lo confuso y lo encubierto que uno creía pa-
trimonio del inconsciente.

En ese punto hay que decidir: ¿el inconsciente freudiano es del orden de la inercia imaginaria o de la ley simbólica? Esta es la elección
inicial de la enseñanza de Lacan. A partir de ese momento lo real aparece como lo que hay que mantener como noción irreductible a la ley
simbólica y a la representación. No aparece de entrada en la obra de

Lacan más que como un término excluido. Uno sabe que sobre este punto él cambiará, que hará de él –por el contrario– un término residual, un elemento de naturaleza completamente distinta a los elementos simbólicos. Digamos que ese elemento de presencia que falta estructuralmente en el orden simbólico, es lo que identificará, precisamente, con lo real.

En este punto –hay que recordarlo– Lacan depende de una orientación dada por Lévi-Strauss, y es por eso que traje la *Antropología estructural*. Ustedes no pueden medir la novedad que fue este libro cuando salió, a fines de los años cincuenta. Allí se encuentra un artículo que, en su momento, causó sensación, que es del año 1949 y del que se retuvo sobre todo la comparación que establece entre el psicoanalista y el chamán. Aparentemente es una idea que le gusta, porque hace unos meses concedió una entrevista a la revista *L'Ane,* donde explicó una vez más que consideraba a Lacan como a un chamán y que jamás le entendió ni una palabra. ¡Es una lástima, porque Lacan comprendió muy bien a Lévi-Strauss!

En ese artículo Lévi-Strauss distingue expresamente el subsconsciente del inconsciente, y dice: "El subconsciente (pág 224) es reserva de imágenes y de recuerdos coleccionados a lo largo de cada vida. Por el contrario, el inconsciente es siempre vacío" (¡nadie lo había dicho jamás así!) "el inconsciente es siempre vacío o más exactamente (esto es menos afortunado) es tan ajeno a las imágenes como el estómago a los alimentos que lo atraviesan. Organo de una función específica, se limita a imponer una ley estructural que reduce la realidad a elementos articulados".

Es lo simbólico y lo imaginario en Lacan –que no son solamente válidos para el psicoanálisis– deducibles de la hipótesis estructuralista. La innovación que aporta la hipótesis estructuralista es que obliga a esta elección, a esta disyunción entre lo que es del orden simbólico, donde no hay más que diferencias sin términos positivos, y la dimensión de las imágenes. Ella fuerza esta distinción y la elección decisiva, la elección primera de Lacan es de entrada ésta: el inconsciente freudiano –ésta es la novedad– es vacío. No es una reserva de imágenes. Esto se presta también para que el propio Lacan resitúe su estadio del espejo, que había inventado mucho antes de esta concepción. Esa elección impone la disyunción y sigue siendo el secreto de la enseñanza de Lacan: el inconsciente freudiano es vacío. Esta proposición no se mantuvo, se transformó al inconsciente en reserva de significantes, mientras que Lacan lo mantiene como un simple corte.

Los analistas que siguen a Lacan pueden meditar sobre este punto
esencial en cuanto al inconsciente.

Para avanzar un poco, quiero hacer un paréntesis para recordarles
que el estructuralismo no es solamente la lingüística, aun si se la coloca en primer plano, y yo no dejaría de lado en la enseñanza de Lacan
y en lo que nosotros hacemos hoy en día, la incidencia de las matemáticas.

Relean al respecto un artículo esencial, aparecido bajo el nombre
de Bourbaki en 1946 titulado "La arquitectura de las matemáticas".
Es difícil de encontrar, porque creo que no fue reeditado desde entonces –debería reeditarlo en *Ornicar?*, lo que permitiría a un número
de analistas leerlo–. El punto de vista de Bourbaki es claramente un
punto de vista estructuralista que fue el comienzo de la reformulación
del conjunto del campo matemático, aun si hoy en dia parece
superado. En todo caso, no hay duda que en la enseñanza de Lacan
la reflexión, especialmente sobre la estructura de grupo, se mantiene,
y tiene toda su importancia, incluso en cuanto a su teoría del fin del
análisis.

Lacan plantea entonces, sobre la base de esta noción de la estructura, "el inconsciente está estructurado como un lenguaje". Ocupé-
monos, por comenzar, de: "el inconsciente está estructurado". Esto ya
determina su vacuidad: no es reserva, no está constituido por
ninguna realidad, sino que su realidad depende de lo que Lévi-Strauss
llama las leyes estructurales. Esta noción determina entonces de
entrada un inconsciente no sustancial, y diré que la futura escritura
del sujeto lacaniano con una S mayúscula barrada, $, escribe este
vacío del inconsciente.

Esta concepción se demuestra a partir de los primeros textos de
Freud: *La interpretación de los sueños, La psicopatología de la vida
cotidiana, El chiste...* y se apoya en el artículo de Jakobson sobre "Las
dos formas de la afasia", para demostrar la homología entre las formaciones del inconsciente, tal como Freud las enunció, y esa reducción de la retórica a dos figuras que hace Jakobson. No hay que olvidar
que el mismo Jakobson remite esta concepción a Freud; Lacan también lo hace, con diferencias. (Destaco que ya antes de la guerra, en
su texto sobre los complejos familiares, había en Lacan como una in-
vocación al estructuralismo. Ya en los años '30 hacía jugar a la noción
de "complejo", que se presta efectivamente para ello, el rol de cuasi estructura.)

Ahora –es aquí que las cosas se revierten en lo que intenté desarrollar hasta el momento, de manera simple, a partir de la hipótesis estructuralista (siempre válida a pesar del chomskismo)– voy a introducir una ruptura. En efecto, a los ojos de los estructuralistas, la estructura es estrictamente incompatible con el sujeto. Está hecha, incluso, para evacuar la subjetividad del campo de las ciencias del hombre y para hacer a las ciencias llamadas humanas dignas de las ciencias naturales.

También traje "El hombre desnudo", es decir el cuarto tomo de las *Mitológicas* de Lévi-Strauss. No sé si se lo lee todavía, pero es un libro que tuvo mucho peso. A los ojos de Lévi-Strauss hay incompatibilidad radical entre el estructuralismo y el sujeto, si bien identifica el sujeto y la conciencia. El escribe: "La filosofía ha triunfado durante mucho tiempo en mantener a las Ciencias Humanas prisioneras en un círculo, no permitiéndoles percibir para la conciencia otro objeto de estudio que la conciencia misma: de allí la impotencia práctica de las Ciencias Humanas. Lo que luego de Rousseau, Marx, Durkheim, Saussure y Freud, busca realizar el estructuralismo es revelar allí otro objeto, ponerlas entonces frente a los fenómenos humanos en una posición comparable a aquella de la que las Ciencias Físicas y Naturales dieron prueba: que sólo ellas podían permitir ejercerse al conocimiento".

Ahora bien, el rasgo propio del estructuralismo de Lacan –y no se ve cómo el psicoanálisis podría prescindir de ello– es incluir al sujeto en la hipótesis estructuralista.

Es por esto, hay que decirlo, que Lévi-Strauss y Jakobson no comprendieron jamás a Lacan, lo sé por boca misma de Jakobson; él encontraba a Jacques encantador, ¡pero incomprensible! En cuanto a la opinión de Lévi-Strauss sobre Lacan se encuentra en un pequeño pasaje que no se ha destacado de las "Mitológicas", que no lleva, es cierto, nombre propio. Sin embargo no es difícil ver en quién piensa Lévi-Strauss cuando escribe: "No experimentaremos ninguna indulgencia hacia esta impostura que reemplazaría la mano derecha por la mano izquierda para restituir a la peor filosofía, por debajo de la mesa, lo que por encima se había afirmado haberle retirado y que, sustituyendo simplemente al yo por el Otro y deslizando una metafísica del deseo bajo la lógica del concepto, retiraría a ésta su fundamento, porque, poniendo en lugar del yo por una parte un Otro anónimo, por otra parte un deseo individualizado que de otro modo no es deseo de nada, no se lograría ocultar que bastaría volver a unir el uno con el otro y volver a formar el todo para reconocer al revés ese yo cuya abolición se habría proclamado con gran estruendo".

Es claro: estas líneas están escritas para Lacan, y cierran las puertas de la estructura a toda incidencia del sujeto, que se supone debe quedar afuera. Aquí divergen verdaderamente los caminos del estructuralismo y de Lacan.

Por el contrario, voy a intentar indicar cómo la incidencia del sujeto en la estructura puede deducirse. El movimiento del pensamiento de Lacan lo encuentran expresado muy claramente en "Subversión del sujeto y dialéctica del deseo", en los *Escritos*, pág. 800: "A la estructura del lenguaje, una vez reconocida en el inconsciente, ¿qué clase de sujeto podemos concebirle?"

Es un momento decisivo, que resume su abordaje de la cuestión. Tomemos entonces esta parte que concierne a la estructura y al sujeto. No es porque se tenga la estructura del lenguaje –aun si se admite que se la definió de manera saussureana y jakobsoniana– que se ha situado, por lo tanto, al sujeto, que aparece exterior a esta estructura. Más aun si se intenta situar al sujeto a partir de la estructura del lenguaje, se lo coloca del lado de la palabra, y se define un sujeto de la palabra, es decir un sujeto que habla, lo que es –les ruego lo observen– completamente diferente de lo que dice Lacan en esa frase que puede parecer simple. En esa frase él intenta, en efecto, concebir un sujeto de la estructura del lenguaje, que no es para nada lo mismo que definir un sujeto de la palabra. Pero, ¿no es increíble querer definir, concebir un sujeto de la estructura del lenguaje? Es tan increíble que no es para nada por aquí que Lacan comenzó, y que en la secuencia de su enseñanza hay un desajuste, precisamente, entre la estructura del lenguaje y lo que construyó de manera totalmente diferente: la estructura de la palabra.

En la estructura del lenguaje tal como los estructuralistas la introdujeron, ya no se trata del interlocutor. Es cuando se pasa a la vertiente de la palabra que uno intenta remitirse al interlocutor, y ustedes saben quizás cómo lo ilustraba Saussure: hacia la cabeza de un señor A, después la cabeza de un señor B, dibujaba un vaivén que pasaba entre ellos de la boca a la oreja, y decía: he aquí como funciona la comunicación, he aquí las estructuras de la palabra, las estructuras del intercambio de palabras, distintas de la estructura del lenguaje.

De la estructura de la palabra Lacan dio de entrada una formalización mucho más astuta, pero, hay que decirlo, no demasiado estructuralista, lo que por otra parte produce al comienzo de su enseñanza un cierto "*patchwork*", porque por un lado toma prestado de Saussure y de Jakobson su estructura del lenguaje, pero por el otro toma prestado de Hegel vía Kojève la estructura de la palabra, que funda en la mediación, es decir que no hay simetría entre el locutor y el auditor, sino que el auditor está en una posición de amo porque decide el sentido de lo que el locutor ha podido decir.

Este es ya un punto decisivo, porque contrariamente a lo que hace Saussure, no estructura la palabra como una relación simétrica, sino como esencialmente disimétrica –aunque mediadora– entre uno y otro. Y es a partir de aquí, de la estructura de la palabra, que el Otro se impone con su A mayúscula. Al respecto, lo que Lacan considera, llama, nombra "palabra verdadera", es una palabra donde el sujeto no se designa a sí mismo más que por alusión, es decir situando de entrada al Otro que lo escucha para volver a encontrar en su retorno su propio estatuto. Da como ejemplo este circuito: "tú eres mi maestro" que es la única manera verdadera de decir "yo soy tu discípulo". Esto no puede decirse más que situando de entrada al Otro. Destaquémoslo, es un Otro al que puede llamarse "testigo", aquel al que se toma como garante. No es el Otro del lenguaje.

Hay, al comienzo, dos estructuras: la estructura del lenguaje y esta estructura de la palabra. El esfuerzo teórico de Lacan –no es el esfuerzo de un chamán sino el de un teórico racionalista– es llegar a hacer una de esas dos estructuras. Y lo que ustedes conocen como el grafo en pisos de Lacan, es la reducción a una sola de esta doble estructura, que se atiene a esto: plantear que el conjunto de los significantes –que la estructura del lenguaje obliga a aislar como tal– debe ser situado en el lugar del Otro, en la estructura de la palabra; que la disimetría no sólo implica que este Otro decide el sentido de lo que digo sino que, precisamente, porque es el destinatario del mensaje, debe ser también el lugar del código que permite descifrarlo.

No puedo desarrollar esta lógica en todas sus implicaciones, pero ustedes ven ya aquí anudarse un término que pertenece a la estructura del lenguaje: el conjunto de los significantes, y un término que pertenece a la estructura de la palabra.

Eso implica también que el segundo nudo que hace el grafo –lo que por otra parte es, en su estructura, imposible de comprimir: se vuelve a intersectar en dos puntos– concierne al sujeto. Por supuesto que el sujeto está situado en la estructura de palabra. Uno no tiene ninguna dificultad en situarlo allí, pero es esta conjunción de dos lo que va a dar nacimiento al sujeto barrado lacaniano.

En el fondo, desde el punto de vista del lenguaje, ¿qué produce a este sujeto, que no encuentra su identidad sino vía la palabra dirigida al Otro?

Al comienzo –hay que llegar hasta allí si uno es riguroso–, no es nada. Y al final, ¿qué es? Puesto que no se funda en la palabra sino vía el Otro, al final, no es más que un significante del Otro, en este sentido, es un proceso de identificación. Al final lleva un significante del Otro, al final es el discípulo, la esposa, el marido. Al final, es lo que cree ser, cree tener una propiedad o un atributo que, desde el punto de vista de la hipótesis estructuralista, es un significante. Pero antes, en el momento en que atraviesa el circuito, ¿qué es desde el punto de vista del conjunto de los significantes? Y bien, no hay otra solución que escribir ese sujeto barrando un significante. Es la escritura más simple que se puede dar del sujeto al comienzo de ese circuito de palabra. Es a lo que responde la escritura de Lacan: $\$$. Para escribir el sujeto, a S_1, S_2, uno le agrega $\$$ como un término estructural decisivo, fundamental. Eso obliga a algo que excede, evidentemente, la perspectiva estructuralista, la cual requiere que el conjunto de los significantes los incluya a todos, que sea completo, que represente a todos y en cierto modo, que pueda nombrar todo. En la perspectiva estructuralista no existe, en una lengua, la palabra que falta para designar algo. Existen distinciones que ella no hace en relación a otra, es cierto, pero en tanto que tal, no hay falta en la lengua.

Ahora bien, la introducción, la inmixión de la estructura de la palabra en la estructura del lenguaje por Lacan, obliga a descompletar este conjunto de significantes. Es aquí donde se debe distinguir, en ese Otro donde habíamos colocado el conjunto de los significantes, ese sujeto barrado, que descompleta este conjunto, como lo dice Lacan claramente, "por no poder contarse allí más que como falta". Esta frase, a pesar de su pequeña torsión, es enteramente deducible de esta inserción de la estructura de la palabra en la estructura del lenguaje. De golpe, a la pregunta que él plantea: "A la estructura del lenguaje una vez reconocida en el inconsciente, ¿qué clase de sujeto podemos concebirle?", la respuesta es que no podemos concebirle un sujeto más que respondiendo a esta inscripción en falta. En la cadena significante, puede reconocérselo, por ejemplo, en el intervalo entre los significantes, puede identificárselo sencillamente a la discontinuidad de la cadena significante.

¡Evidentemente tenemos aquí un sujeto que no tiene mucho en común con una conciencia! Es el sujeto en el sentido de lo que es supuesto por la cadena misma, desde que esta cadena es capturada en la palabra; un sujeto que, como el intervalo significante, es transportado de significante en significante y del que se puede admitir perfectamente que sea identificado por los significantes, pero, al igual que el cursor se desplaza, él sigue esta cadena.

En este sentido, contrariamente a lo que deja suponer Lévi-Strauss, ese sujeto no tiene estrictamente nada en común con la conciencia o con un yo que sería allí completado, a tal punto que Lacan, por ello, construye el deseo como ese sujeto mismo que transporta la cadena significante.

Al respecto, ese sujeto no es causa, es efecto de esta cadena, efecto de la emergencia del significante, y es por eso que Lacan, en sus grafos, le da el mismo lugar que al significado.

Si el sujeto es un efecto de significación ¿eso quiere decir que es imaginario? Hay aquí una dificultad que se indica en una proposición de Lacan que comenté extensamente el año pasado en París, donde plantea que el sujeto, aunque efecto de significación, en todo caso, en el psicoanálisis, vale como una respuesta de lo real. No puedo comprometerme a desarrollar esta proposición, pero percátense de que en esta vía pueden presentarse dificultades teóricas fundamentales en la arquitectura del psicoanálisis, para retomar el título de Bourbaki.

Entonces, lo que diferencia decididamente la estructura de Lacan de la de los estructuralistas, es que para él, ella no es una construcción. En tanto la estructura es la del lenguaje, preexiste a cada uno, a cada nacimiento de aquellos que van a tener que hablar; ella preexiste, y en tanto tal, es causa, es decir que tiene efectos. En la época en que yo nadaba en el estructuralismo, me pareció que lo que diferenciaba a Lacan era precisamente que en él la estructura tenía una acción; es decir que el sujeto correlativo de esta estructura no se halla transportado en esta cadena sino inserto en su interior, y tiene que pagar el precio. Es esta la conceptualización –sorprendente en su simplicidad– que Lacan da de la castración freudiana: ella nombra, precisamente, este costo que implica para el sujeto reducirse a no ser más que esta variable de la cadena significante. Quizás esto nos indica por qué el sujeto no es reconocible en la cadena significante sino cuando se producen en esta cadena irregularidades, disimetrías, tropiezos, que señalan precisamente que está allí, presente, algo que no se cuenta más que por faltar. Ven así el parentesco que puede hallarse entre este funcionamiento y lo que Freud aisló en las formaciones del inconsciente. Para nosotros, esto basta para reconocer el sujeto en el sentido de Lacan, el sujeto freudiano.

Pero este efecto de sujeto ¿es interior o exterior a la estructura de lenguaje, en tanto que ella consiste en sus cadenas? ¿Hay lenguaje sin sujeto? Para nosotros basta reconocer irregularidades, disimetrías para que haya allí sujeto. Es una concepción a la que hay que acostumbrarse, y que separa por cierto al sujeto de la apariencia del individuo.

Hay algo que Lacan sitúa como exterior, es lo que llamó el objeto a, es decir un producto y no un efecto de esta estructura. El objeto a –y por eso escapa un poco a nuestra discusión de hoy– no forma parte de la estructura del lenguaje, sino de aquella que Lacan llama del discurso, que precisamente realiza la recuperación de lo que no está en la estructura del lenguaje. Esta pérdida que conlleva la estructura del lenguaje, la estructura del discurso la transforma justamente en producción, en el discurso que Lacan llama del amo.

Para terminar –me extendí demasiado– diré que lo que señala la inscripción del sujeto en la estructura, culmina en Lacan en ese símbolo que llama matema: S($\cancel{A}$). Es el significante del Otro barrado, punto culminante con el que intenta responder a la dificultad de forjar un significante que responda a ese sujeto incontable.

Ahora bien, él se deduce de esta estructura de remisión. En efecto, si todo significante remite a otro significante y esto nos da una estructura de cadena que no es circular sino lineal, es necesario entonces plantear un significante último, a falta del cual –son los términos de Lacan– los otros no representarían nada.

Henos aquí frente a una paradoja: sincrónicamente, según la exigencia propiamente estructuralista donde todo es significante, debemos formar el conjunto de todos los significantes, tal que para todo x, si x es un significante, forme parte de ese conjunto. Lo escribo así:

$$\forall x \; Sx \leftrightarrow x \in A$$

Por el contrario, en el orden de la cadena, que es un orden de remisión, por definición diacrítica, es decir oposicional, estamos obligados al mismo tiempo a plantear que hay al menos un significante último –reductible, en este esquema a S_2–, que hay al menos uno que es un significante y que sin embargo no forma parte del conjunto:

$$\exists x \; Sx \; . \; x \notin A$$

La manera en que Lacan escribe esta paradoja, es S($\cancel{A}$), es decir, significante de una falta en el Otro, que constituye entonces una corrección de la hipótesis estructuralista, porque intenta con esto escribir al mismo tiempo, si puedo decirlo, el lenguaje y la palabra, es decir no solamente la organización sincrónica de los significantes, sino también su sucesión diacrónica en una estructura de remisión.

Uno no corta con esto, con o sin el psicoanálisis. Sin duda hace falta el psicoanálisis para que uno esté motivado a cargar con el peso de esa paradoja que es, al mismo tiempo, destructora de la lógica. Al respecto, ese significante es efectivamente apto para representar, en cierto sentido, lo que del sujeto escapa precisamente a la identidad que conquista con sus identificaciones significantes, y se torna apto para connotar –es el término de Lacan– lo que del sujeto es impensable. Agreguemos ahora que no es simplemente que a la estructura le falta algo, lo que querría decir que esta estructura es incompleta. La corrección que hace Lacan a la hipótesis estructuralista no es: en el conjunto de significantes que conlleva vuestra hipótesis, falta siempre uno. No. Porque no falta en absoluto. Como dice Lacan, uno siempre puede escribir (-1). ¡Es de todos modos un significante! Por eso escribe S(Ⱥ).

Porque lo importante no es para nada lo que sería la incompletitud del Otro, lo importante –Lacan lo dice con un solo adjetivo, como al pasar– es la inconsistencia del Otro, esa inconsistencia suficientemente indicada en la comparación de esas dos fórmulas. Porque allí donde se trata de la estructura, tenemos que vérnoslas con una inconsistencia que no es accesible sin la hipótesis freudiana, con una inconsistencia en la que vemos ya el ombligo del inconsciente.

Creo haberlos conducido –de a poco, quizás dificultosamente a gusto de algunos– hasta el punto en que se capta en qué medida Lacan era serio cuando consideraba al lenguaje como la condición del inconsciente. Y creo que llegamos hasta el umbral desde donde ustedes están en condiciones de percibirlo.

II
LACAN CLINICO

FUENTES

Introducción a las psicosis [...]
[...]
[...]
[...]
[...]
[...]
[...]
[...]

FUENTES

"Introducción a las paradojas del pase", *Ornicar?*, Nº 12/13, Lyse, 1977; "Lacan clínico", conferencia pronunciada en el Coloquio de Ottawa, mayo de 1984, inédita; "H_2O", *Actes de L'École de la Cause freudienne*, Nº VIII, *Cliniques des névroses et hystérie*, París, 1985; "A propósito de los afectos en la experiencia analítica", *Actes de l'École de la Cause freudienne*, Nº X, *Les affects et l'angoise dans l'expérience psychanalytique*, París, 1986; "$\Sigma(x)$", *Actes de l'École de la Cause freudienne*, Nº XII, *L'acte et la répétition*, París, 1987; "Algunas reflexiones sobre el fenómeno psicosomático", "Le phénomène psychosomatique et la psychanalyse", *Analytica*, Nº 48, Navarin, 1987.

INTRODUCCION A LAS PARADOJAS DEL PASE

1. Diez años...

Diez años, es suficiente: para evaluar por sus resultados la "Proposición del 9 de octubre de 1967 sobre el psicoanalista de la Escuela". Además lo impone una emoción, establecida en dicha Escuela acerca del tema del pase y suficientemente intensa para justificar la convocatoria de una asamblea plenaria.

¿Es impaciencia dar comienzo a este examen? Para el analista la impaciencia es ciertamente pecado, en tanto que a él le toca, en la cura, armarse de paciencia. ¿Pero acaso es conveniente aplazar tratándose de una experiencia cuyo ritmo Lacan quería apresurar tanto que al principio propuso (un texto da fe de ello) la renovación cada seis meses, y por sorteo, de su jurado, "hasta que resultados suficientes para ser publicables permitan su reestructuración eventual o su reconducción"?

Iré directamente al grano diciendo que en lo que respecta a ese jurado, la promesa de la Proposición no se cumplió.

Ella estipula expresamente que "implica una acumulación de la experiencia, su recopilación y elaboración, una seriación de su variedad, una notación de sus grados [...]. Sus resultados deben ser comunicados [...]" ("Proposition...", *Scilicet* Nº 1, pág. 27).

Nada hay de todo esto. El trabajo de doctrina no existe, al menos no se lo declara como tal. Sin embargo, hubo una selección. Que no puede sino parecer arbitraria. De allí lo que se denuncia como un silencio, que hoy resulta ensordecedor.

Estoy afirmando un hecho; y no admite controversia. Nada lo demuestra mejor que esto: es preciso volver al solo texto de Lacan, a
pesar de una bibliografía sobre el pase que no es inexistente sino
escasa.

Se trata de un hecho: el pase no dio lugar a otra elaboración que
aquella que presidió su institución. Puedo imaginar muchas formas
de desconocer este hecho, y en primer lugar argumentando a partir
de los seminarios que desde entonces dictó Lacan, ¿por qué no? Pero
no fue precisamente eso lo prometido: se esperaba una selección fun-
dada en doctrina y no veo por qué habría que disimular aquí una decepción.

¿Implica esta decepción que se esté acabando con el pase, deseo
éste que se hace sentir? ¿Ha llegado la *École freudienne* en este punto
al "momento de concluir"? ¿O es que se agita en un "tiempo para comprender" más largo que lo previsto? Y, por lo tanto, ¿qué escapa aquí
a la aprehensión?

Esto es lo que hay que examinar, desechando el prejuicio según el
cual la cuestión del pase incumbe sólo a los pasadores, los pasantes
o los jueces del pase. El pase, en efecto, modifica la noción del proceso
analítico. Cambia "en un pelo", dice Lacan ("Discours à l'E.F.P.", pág.
24), pero cambia "la demanda de análisis con fines de formación".

Un pelo es bastante para dar ocasión.

2. El doble pase

¿Qué es el pase? Primeramente se propone como un procedimiento original. No es de institución freudiana, en el sentido en que lo es
el dispositivo analítico. No lo consagra ninguna tradición. "Pase",
"pasante", "pasador", "jurado de confirmación", otros tantos términos
inventados por Lacan.

Aquí debe hacerse una distinción, sin la cual el debate se desenca-
mina. El pase, en efecto, es doble.

Se impugna fácilmente el *procedimiento* del pase, que incluye un
jurado que confiere una nominación. Pero se omite discutir la existencia, cuando los análisis se acercan a su fin, del *momento* del pase.

Pues bien: si Lacan inventó el procedimiento fue sobre la base de
haber descubierto ese momento, antes de él nunca delimitado.

El hecho de que ese consenso, al menos tácito, acerca del momento, coexista con la puesta en tela de juicio del procedimiento no es la

paradoja menor del pase. Ni la más infantil vocecita se eleva para enunciar, sencillamente: "¡Pero es que el pase no existe!".

No podemos ahorrarnos, por tanto, las dos preguntas siguientes:
—¿qué es el momento del pase?
—¿el procedimiento de igual nombre se adecua o no a la estructura de ese momento?

Así es como lo entendió Lacan: existe el momento del pase, momento conclusivo y resolutorio de un psicoanálisis; la proposición "lo *redobla* en un consentimiento a (un) examen (...)" ("Adresse du jury d'accueil", texto de J. Lacan, *Scilicet*, Nº 2/3, pág. 50). Entiendo que debe subrayarse además la misma palabra en el "Discours à l'E.F.P.", cuando Lacan dice que él hace "emerger el pase (...) por el medio de *redoblarlo* en el 'suspenso' que allí introduce su cuestionamiento a los fines de examen" (*id*. pág. 19).

De esto concluyo que hay pase simple y pase doble. Salvo que el pase como "simple" no se aislaría como tal sin su "redoblamiento". Por eso, además, hay sólo uno, pero reduplicado, ya que sólo adviene por retroacción.

El pase (2) se refiere a la experiencia del pase (1), pero constituye por sí mismo una experiencia, y tiende a confundirse con la primera.

No discernir entre los dos pases es fuente de error, ya que además no se ha hecho del examen del pase (1) obligación. En modo alguno se ha planteado que todo final de análisis deba ser autenticado. Se apela al consentimiento. El pase (2) conserva el carácter de una proposición. No está prescrito en absoluto como un deber, se lo ofrece como un riesgo. Supone que se confía en la teoría del pase, en los pasadores, en el jurado, en Lacan, en la Escuela, y hasta en "el espíritu del psicoanálisis" (*Scilicet*, Nº 2/3, pág. 50).

La proposición autoriza la desconfianza, permite que uno se satisfaga con el pase (1), vuelve seductor el pase (2).

3. ¿Lacan contra Lacan?

Aquí se opone a Lacan contra Lacan.

¿Acaso no es él quien plantea que un análisis se instaura desde un "sujeto-supuesto-saber" y termina con su caducidad, de donde emerge un analista "que sólo se autoriza por sí mismo"?

¡Pero he aquí que a este autónomo se le propone un examen, un título, un grado! ¿Por qué no la Legión de Honor? ¿Qué tiene él que ver con estas frivolidades?

De allí la paradoja de que el mismo, al mismo tiempo haya teorizado el análisis como paso del sujeto-supuesto-saber y, por otra parte corone la experiencia con una "prueba de capacidad". El momento del pase consagra el fin del sss. El procedimiento del pase lo releva, lo transfiere a la Escuela e incluso a su fundador, y lo eterniza en el analista. Pase (1) y pase (2) son, pues, antinómicos.

¿Qué solución se propone a esta paradoja?

La más simple es ignorarla: uno se apropia del término sss para hacer doctrina por supuesto sobre la cura[1], e intenta amotinar al público contra el dispositivo del pase. Más honestos, dividen a Lacan: hay dos, uno progresista y otro reaccionario.

En todos los casos lo que se hace es apelar a Lacan contra él mismo.

Muy bien, esto se puede concebir. ¿Pero cómo diablos consigue Lacan formular en un solo bloque una teoría tan manifiestamente contradictoria? ¿Y por qué se esmera en aislar el carácter "antiautoritario" del final de análisis si lo que instituye es un procedimiento tiránico? Esto es lo que no se pregunta.

El otro camino consiste en suponer que Lacan no se equivoca tanto, y que el procedimiento no es antinómico, sino conforme con la estructura del momento del pase.

Antes de tomar ese camino, señalemos ya mismo que el primero lleva rigurosamente a considerar como terminables únicamente los análisis "terapéuticos": los "didácticos" recuperarían al sujeto-supuesto-saber en la transferencia y la identificación con el analista-modelo[2]. ¿No equivale esto a confesar que la paradoja no es la que uno cree, sino que estriba en la adopción misma de la posición del psicoanalista por un psicoanalizante?

La recuperación del sujeto-supuesto-saber no tiene lugar debido al procedimiento del pase: se cumple cuando un sujeto que ha hecho la experiencia de un análisis hasta comprender a qué reduce éste al analista, se convierte en "el testaferro del sujeto-supuesto-saber" (*Scilicet*, Nº 2/3, pág. 24). ¿Por qué razón se consagra a esta añagaza? ¿Es el análisis una carrera que esperaría uno ver abrazar a un analizado? ¿Esta elección, no abogaría más bien en contra de la terminación de su análisis? La paradoja, pues, queda desplazada.

Y en lo sucesivo los dos caminos de su resolución se formularán así:

—o bien el psicoanálisis es, pura y simplemente, una profesión; se la adopta después de un análisis por haber evaluado los beneficios terapéuticos que es capaz de proporcionar a los neuróticos; es cierto que además hay que ser apto para su ejercicio, pero se trata de una decisión mundana, quiero decir que responde a la obligación en que se encuentra el sujeto de trabajar para subvenir a las necesidades de su ser-en-el-mundo; hacerse analista pertenece al registro que Samuel Johnson denomina, en su "Rasselas", "*choice of a life*";
—o bien está en juego otra dimensión que no supone elección sino viraje; que implica, de la posición del analizante a la del analista, articulación, pasaje, paso –quizá paradójico– pero estructurado.

La primera dimensión existe sin lugar a dudas. El problema es saber si la segunda también. Ella requiere distinguir un "acto psicoanalítico" de "la condición profesional que lo cubre", y esto, hasta concebir que un psicoanálisis pueda "una primera vez, un día [...] demandarse como didáctico sin que lo que esté en juego sea un establecimiento [...]" ("Discours à l'E.F.P.", pág. 20). Uno muy bien puede rehusarse a distinguir las dimensiones, y reducir el acto a la profesión. Pero entonces es menester negar el momento del pase. Y aquí, curiosamente, se retrocede, al menos en la *École freudienne*.

Es indudable que ya no puede ser desconocido una vez nombrado. Así es que la teoría del pase no se deja separar de la teoría del acto, como fundado en el sujeto-supuesto-saber: no se deshace tan fácilmente lo que Lacan anudó.

4. El Único y su práctica

La mayoría de los argumentos movilizados en contra del pase llevan más allá: un analista digno de este nombre no tendría nada que ver con ningún reconocimiento, recusaría postularse, despreciaría obtener un título y toda sociedad le sería odiosa, salvo su congreso con su cliente.

Este *anarlista* se prevale de la deposición que se habría cumplido para él del sujeto-supuesto-saber, para jactarse de no creer ya en nada, o más bien para hostigar a los ídolos. Porque no ve más que semblantes manipulados por estafadores. Gracias a lo cual el inocente, es el semblante ($\cancel{S} \rightarrow S_1$), para quien "no ceder en su deseo" quiere decir "ni Dios ni amo", y hasta "sin fe ni ley".

El no es Diógenes, ya que ha encontrado el hombre, el hombre al que analiza, en su tonel que no es el del vecino, y desde el que vocifera que Alejandro se cree el sol, Freud Dios el Padre y Lacan Lacan. El, que mientras tanto ha hecho tabla rasa con el sujeto-supuesto-saber, cree que un psicoanálisis se hace entre dos.

Se ha identificado tan bien con el sss que ya no lo ve, y alardea de haberlo derribado.

Toda sociedad es antianalítica, y la teoría de Freud... es la de Freud, pero yo, Juan Pérez, tengo la mía, y también mi práctica, que responde por mí.

Teóricamente, la posición anarlítica se caracteriza por la interpretación histérica del sujeto supuesto saber. Ella traduce lo que en la práctica de la cura aparece como identificación con el analizante, o sea con el sujeto de la "asociación libre" como supuesto saber.

Pero aquí, paradoja, doble y de las más curiosas: la nueva Suficiencia anarlítica no desdeña autorizarse en Lacan, y precisamente en el principio donde cree reconocerse: el de que el analista sólo se autoriza por sí mismo.

"Que nadie entre aquí si no se autoriza por sí mismo": eso tiene al menos la consistencia del "Yo miento", con la salvedad de que aquí es aquel que responde y entra el que se descubre paradojalizado, tan perplejo con su persona como el Barbero de Russell, excepto que lance un "Prohibido prohibir" que no lo sacará del apuro.

Para, con la misma exhalación, magnificar la autoautorización del analista y alienarlo en el pase, ¡qué duplicidad no habrá de sospechar en Lacan! Pero, después de todo, ¿no es más sencillo preguntarse con qué autonomía del sujeto se contenta su subversión?

El "por sí mismo" del analista no es el ego de la pequeña rentista.

"El analista sólo se autoriza por sí mismo" quiere decir que no se autoriza por los otros analistas, sus ex o sus vecinos, ni por los poderes públicos. Que tampoco se autoriza por el psicoanalizante (por identificarse con el sujeto del saber). Que se autoriza por su deseo, vale decir, por ser "él mismo" en el inconsciente, que no es "suyo" más que por abuso de lenguaje, pues más cierto es que éste lo posee. Que de este modo se autoriza por el psicoanalizante que él fue, y por aquel en que se convirtió en el análisis, para autorizar a otro a proceder según la regla del discurso analítico.

El analista sólo se autoriza por sí mismo en el discurso analítico, que lo entraña a él como único semblante, en tanto que *a*. Pero no por ello deja de estar situado en otros discursos, que no puede desconocer, y que se encargan efectivamente de recordárselo si se atreviera a ello. "¿Tienes licencia para analizar, mi pequeño? ¿Tienes tu *licentia docendi* del psicoanálisis?", susurra y a veces vocifera el maestro. A ver, pruebe contestar: "Sólo me autorizo por mí mismo, como el poeta y el matemático; no soy ni notario ni médico".

La presión social es lo bastante fuerte como para colectivizar a los que se jactan de la misma profesión y obligarlos a avalarse los unos a los otros, o sea a responder por uno si se le pregunta sobre él. Responsabilidad que implica selección y jerarquía[3].

La novedad de la proposición está, primero, en desglosar de la jerarquía lo que denomina *gradus*, y que quiere decir la misma cosa salvo que hay dos: una hace a la profesión y responde a las exigencias del cuerpo social; la otra concierne al acto y a la elucidación del "yo mismo" propia del psicoanalista.

Esta novación completa la destrucción del régimen tradicional de las Sociedades que inició el "Acte de fondation" de la *E.F.P.* Reléase el texto comparándolo, por ejemplo, con el de "Règlement et doctrine de la Commission de l'enseignement" [4], obra de la misma pluma, como se sabe, (pero no del mismo autor: en el '49 quien habla es la Comisión, y en el '64 Lacan, tal y como él mismo).

En "Règlement et doctrine...", la *Société psychanalytique de Paris* se escudaba en "una tradición continua desde los descubrimientos constitutivos del psicoanálisis" para "[afirmar] su privilegio en toda investidura que pueda interesar al psicoanálisis". El "Acte de fondation" denuncia "desviaciones" y "compromisos" y admite como "habilitados con pleno derecho a los que yo mismo formé".

En el '49, la demanda de análisis recibía de entrada la calificación de terapéutica o didáctica. Y la demanda didáctica quedaba sometida al régimen de la autorización previa: era en sí misma una candidatura. Correlativamente, se dividía a los psicoanalistas en dos clases: los adherentes, que habían satisfecho la formación exigida, y los titulares, "capaces de transmitirla en el psicoanálisis didáctico".

Esto es lo que desaparece con la *E.F.P.:* "[...] el psicoanálisis se constituye como didáctico por querer del sujeto [...]", "los que emprenden un psicoanálisis didáctico lo hacen de *motu propio* y por propia elección", con la reserva de que sus análisis cuestionarán tal determinación. La calidad de didacta es "una habilitación de hecho" que se obtiene por la circunstancia de haber realizado "uno o varios psicoanálisis que resultaron ser didácticos" ("Note adjointe" al "Acte de fondation", *Annuaire de l'E.F.P.* 1965, págs. 4-6).

La amplitud de la demolición entonces cumplida hace parecer muy "flaca" la proposición del pase, que instituye "algo nuevo sólo en el funcionamiento", es decir, no en los principios: "(...) sépase que me divierte que escape su flacura, la cual debería distender, aunque lo que está en juego no sea flaco. ("Discours à l'E.F.P.", pág. 13).

Estrecho pase, en efecto, que no va más allá de despegar un poquitín al candidato de su jurado por interposición del pasador.

¿Quién puede comprender, fuera del discurso analítico; que la mediación sea aquí crucial? Porque hacer el pase es ser nada más, como "yo mismo", que un buen cuento que quema ya los labios del que lo oye. "¿Quién verá pues [preguntaba Lacan] que mi proposición se forma a partir del modelo del chiste, en el papel de la *dritte Person*?" ("Discours à l'E.F.P.", pág. 13).

Por eso el pase exige del psicoanalista que tenga a bien "creer en el inconsciente para reclutarse"[5], hasta el punto de reducir su formación a las formaciones del inconsciente.

Para poner ahora en su sitio las paradojas del pase, conviene tomar las cosas por el comienzo, que es la teoría de la transferencia.

NOTAS

1. Recomendamos la lectura del artículo de Jeanne Favret-Saada, "Excusez-moi, je ne faisais que passer!" (*Temps Modernes*, Nº 371, junio de 1977), en particular la del párrafo que empieza con: *"Une cure psychanalytique, c'est..."* (pág. 2094).

2. También J. Favret-Saada, esta vez el párrafo siguiente.

3. "(...) será preciso que acepten ustedes la atribución a algunos de funciones directivas, para obtener una distribución prudente de vuestra responsabilidad colectiva. Es una costumbre que puede discutirse en política; ella resulta inevitable en todo grupo que haga valer su especialidad respecto al cuerpo social. A ese respecto responde el AME" ("Adresse du jury d'accueil", *Scilicet*, Nº 2/3, pág. 50).

4. Este texto fue vuelto a publicar bajo nuestro cuidado en *la Scission de 1953* ("Bibliothèque d' *Ornicar?*", 1976, págs. 29-36. Ed. en castellano: *Escisión, Excomunión, Disolución*, Manantial, Buenos Aires, 1987).

5. "Discours à l'E.F.P.", pág. 29: "el psicoanalista no quiere creer en el inconsciente para reclutarse".

LACAN CLINICO

Todo lo que acaba usted de decir es muy gentil pero no me simplifi-
ca la tarea. Por lo demás, en lo que usted dijo hay algún que otro detalle
que yo tendría que corregir: Lacan no fue un poeta surrealista, su formación era de médico y psiquiatra. Es cierto que en la década del veinte o treinta frecuentó a los surrealistas; en particular, comunicó a Salvador Dalí su concepto del conocimiento paranoico que, en manos del
Salvador Dalí, se convirtió en lo que usted conoce quizá con el nombre
de "conocimiento paranoico crítico". Pero en verdad no puedo dejar
que se diga que Lacan fue un poeta surrealista: por el contrario, su tra-
yectoria fue absolutamente coherente.

En cuanto al papel que me tocó, fue usted muy amable al recordarlo: me considero un alumno de Lacan.

Espero que todo el mundo entienda francés aquí; de todos modos
lo consideré un hecho, desde el momento en que este coloquio se
anunció como bilingüe; así que no me obligaré a hablar en inglés, cosa
que también puedo hacer pero con menos facilidad. Sigo, pues, en
francés; si alguno no entiende lo que digo en francés, que levante la
mano, lo repetiré en inglés.

Recordaré antes que nada que la obra de Freud fue inicialmente
acogida en Francia –y lo señala el propio Freud– por hombres de letras, mientras que los medios que hubiesen tenido que mostrarse re-
ceptivos, el de los médicos, el medio psiquiátrico, cuyo interés Freud
esperaba suscitar, se cerraron al psicoanálisis.

Pues bien, es perceptible, aunque sólo fuera por la asistencia que

ustedes forman y por el lugar donde estamos, que en América del Norte
la enseñanza de Lacan fue acogida primero por profesores de literatura; me parece, en efecto, que quienes intervienen en este coloquio son
sobre todo de esa profesión, aun cuando entre ustedes haya algunos
analistas. Este hecho, por su carácter masivo, me parece indicativo de
lo que bien es preciso llamar una dimisión intelectual, la del psicoanálisis norteamericano, cuya principal corriente procede de aquella *ego-
psychology* que proporcionó su motivo polémico principal a la etapa
inicial de la enseñanza de Lacan, y precisamente al retorno a Freud
que Lacan convirtió en lema de su enseñanza (quizá dentro de un rato
tendremos ocasión de ver cuál es el sentido preciso que él dió a este
"retorno a Freud"). Constato simplemente que hay aquí pocos analistas, y en especial pocos analistas de la así llamada International
Psychoanalytical Association, que se hayan molestado en oír hablar
de alguien que se ocupó toda su vida del psicoanálisis. Yo llamo a esto
por su nombre: dimisión intelectual.

Este hecho ha vuelto más valiosa aun para mí la invitación que recibí de esta facultad y especialmente de Mr. Henry Sullivan, y que me
da la oportunidad de hablarles –y debo decir también de escucharlos,
esto es incluso lo que más me interesa– y de participar con ustedes en
este coloquio.

¿Hace falta decirlo? Esta es la primera, la primerísima vez que
tomo la palabra en el área –no la era, la lengua produce a veces estos
equívocos*– anglosajona y en América del Norte. Debo decir que tiempo atrás decliné la invitación de Lacan a acompañarlo al coloquio de
Baltimore, en 1966, donde el señor Donato –si no recuerdo mal– intentó reunir a la flor y nata de lo que actualmente ustedes llaman
"postestructuralismo". Recuerdo perfectamente al señor Donato pasando por París y recogiendo lo que hoy llaman postestructuralismo
para llevarlo a Baltimore. De modo que ésta es la primera vez que hablo en América del Norte, pues no hablé en Baltimore en 1966.

No puedo evitar decir algunas palabras, para empezar, sobre dicho
postestructuralismo. No disimulé a Mr. Sullivan, aquí presente, al
aceptar su invitación, que de ninguna manera podía yo avalar tal expresión. Y él tuvo la delicadeza de no poner objeción a que yo suspen-
diera en ese punto mi asentimiento; al respecto estoy dispuesto a discutir hasta que me expliquen qué uso le dan a ese término.

Postestructuralismo: señalo primeramente que este término no

* *Aire*, "área", y "*ère*", "era", son homófonos [N. de T.]

tiene vigencia en Francia. Allí hemos conocido el estructuralismo, sí, que alrededor de 1966 cobró forma e impulso de moda entre el gran público cultivado. Hago recordar que en ese momento era grande la obnubilación parisiense alrededor del estructuralismo, que fue generalizada la afición por los saberes austeros de los especialistas, y que incluso se creyó estar en una nueva edad de las Luces. No se comprendió realmente que Lacan, en ese mismo año 1966 en que todo el mundo se chiflaba por el estructuralismo en París, anunció que el estructuralismo "duraría lo que duran las rosas, los simbolismos y los Parnasos": algo les debe decir esta afirmación a los especialistas en literatura francesa que se encuentran en esta sala. Lacan anunció que el estructuralismo no duraría más que el tiempo de una temporada literaria.

Por mi parte, tengo debilidad por este período, quiero decir inclinación, y nunca hablo de él sin cierta dilección, porque durante ese año 1966 que les doy como mojón histórico, yo era estudiante de filosofía y todas las semanas, con mis compañeros de la Escuela Normal Superior, escuchaba a Lacan en su seminario. Desde 1963 participaba en el seminario de Roland Barthes en la Escuela de Altos Estudios –debo decir que al principio éramos veinte– y creo inclusive haber sido el primero que citó delante de Roland Barthes el nombre de Jacques Derrida, a cuyos cursos asistía en la Sorbona y después en la Escuela Normal, donde él prestaba servicios como lo que llaman el caimán: el repetidor* de los estudiantes de la Escuela Normal; lo llaman así porque prepara a los estudiantes para las agregaciones y, cuando fracasan en el concurso, derrama lágrimas de cocodrilo. Así que yo veía a Derrida en esa época, y el otro caimán de la Escuela Normal era Louis Althusser –cuyo nombre no figura además en vuestra lista de postestructuralistas–, a quien le debo el haber leído a Lacan por primera vez; me aconsejó leer a Lacan diciendo que me interesaría: o sea que era un buen psicólogo. A Louis Althusser le debo también haber conocido a Michel Foucault, quien vino a la Escuela Normal a presentarnos su *Historia de la Locura*, que fue su primer gran libro, no bien lo terminó.

Y si puedo –para terminar estas confidencias, que sin embargo ponen un toque personal en lo que ustedes agrupan como postestructuralismo–, añadiré que los jueves a la noche, regularmente, entre

* En francés, *répétiteur*: persona que explica a los alumnos la lección de un profesor y los ejercita. [N. de T.]

1964 y 1966, Barthes y Foucault se encontraban para cenar y a menudo me invitaban, como estudiante de tercero, a participar de sus ágapes. Y en esa época también pasaba que Lacan viniese alguna noche a lo que se llama un *"turne"** de la Escuela Normal, es decir un dormitorio, para responder a cuatro o cinco de nosotros, casi en secreto, a las preguntas que nos hacíamos sobre su seminario de la semana. Recuerdo incluso que precisamente después de la conferencia de Barthes sobre "La actividad estructuralista", que fue la conferencia que realmente lanzó la moda estructuralista, nos reunimos todos con Althusser en la calle de Ulm, donde Althusser cocinó, cosa que hacía muy bien. Les hago estas confidencias para señalarles que el estructuralismo existió en esas fechas como un movimiento e incluso como una simpatía. En la primera lección del seminario de Lacan "Los cuatro conceptos fundamentales...", estaba Lévi-Strauss; Roman Jakobson, cada vez que venía a París, paraba en casa de Jacques Lacan; Michel Foucault estuvo en el seminario de Lacan pocos días después de que saliera su libro *Las palabras y las cosas* –debo decir que Michel Foucault siempre profesó no entender nada de Lacan, a quien conocía sin embargo desde los quince años, lo cual significa que, si a ustedes les pasa lo mismo, están en buena compañía–. Puedo decirles, por lo tanto, que ese primer estructuralismo de la década del sesenta, tal como yo lo viví, fue un tiempo fecundo de amistades y hallazgos, un tiempo en el que vibraba esa sensación de novedad que acompaña a todas las emergencias de una verdad. Y también yo aporté a él mi contribución creando con mis compañeros, en enero de 1966 una revista que se llamaba *Cahiers pour l'analyse* donde el primer texto que se publicó fue el escrito de Lacan intitulado "La ciencia y la verdad", y que es el último texto del volumen de los *Escritos*.

Así se va redondeando la cosa. En ese momento uno podía imaginar que todas esas tentativas intelectuales consonaban, que se armonizaban, que había una convergencia. Y después de ese período, debo decirles, no vino el postestructuralismo: vinieron las animosidades, digámoslo francamente, y no me complace detallarlas aquí, animosidades en las que Roland Barthes, y fue el único sin duda, no participó, pues siguió siendo amigo de cada uno. Podemos decir que estos autores se soldaron en determinado momento en la corriente de la época, pero cada cual prosiguió la senda que le era propia desde antes,

---

* Término del argot escolar que designa los cuartos de estudiantes; entre comillas en el original. [N. de T.]

que le siguió siendo propia después y que nunca fue la de los otros. Por mi parte, me baso en mi experiencia de estudiante –me he pintado como una especie de Fígaro en esa época, yendo de un lado a otro, de uno a otro– para decirles que no hay postestructuralismo. Si hubo estructuralismo, un movimiento, una moción estructuralista entre los investigadores en ciencias humanas, entre los estudiantes, los escritores, los escribientes, el público. El postestructuralismo no es más que la recaída de ese movimiento. Entonces ¿qué validez tiene? En mi opinión, simplemente la de un rubro de clasificación al que hay que llamar por su nombre: la validez de un tacho de basura. Y este rubro de clasificación desorienta, no permite entender nada en lo que preocupa a cada uno de sus autores.

Como tenía que hacer la apertura de este coloquio, me pareció conveniente mencionar cada uno de estos nombres y hacerlo mas bien en homenaje a la amistad.

Sólo que, si he leído bien el programa, cada uno de estos nombres se ordenan en series separadas, y está muy bien, pues el postestructuralismo no forma un conjunto como no sea un conjunto de dispersión. Considero pues –en lo que a mí respecta en todo caso– que hay que sacarse de encima la cuestión del postestructuralismo para ubicarse, y especialmente, ya que en lo que a mí respecta estoy entre ustedes para hablar de Lacan, para ubicarse en Lacan. Para ubicarse en Lacan hay que olvidarse decididamente del postestructuralismo. Ahora será de Lacan de quién les hablaré.

Me han hecho saber que de mí se esperaba más bien la verdad sobre Lacan. Para producir lo verdadero aquí, se me ofrecen muchos caminos. Dada la antigüedad de mi trato con Lacan, presentarlo en cincuenta minutos me resulta evidentemente problemático. Pero en primer lugar tengo en cuenta lo siguiente: la casi totalidad de ustedes son profesores de literatura, y Lacan les es conocido, cuando lo es, como el autor de sus *Escritos*. Pues bien, aquí también hay que hacer un barrido de las ideas preconcebidas. A ustedes les interesa –tengo que suponerlo– saber si es posible utilizar en vuestra disciplina literaria lo que Lacan aporta. No se trata tanto de la importancia de Lacan. Lo que les interesa a la mayoría de ustedes es la importación de Lacan con vistas a la crítica literaria.

Enseguida los voy a poner cómodos en esta cuestión: son ustedes los que tienen que juzgar qué cosa de Lacan pueden importar en su disciplina literaria.

Sin embargo, tengo que hacerles notar que Lacan no consagró su trabajo a eso, no trabajó para que ustedes tuvieran con qué retomar los textos literarios. Lacan consagró su trabajo a la práctica del psicoanálisis. Esto tiene que quedar claro porque precisamente en la obnubilación, en el entusiasmo de leerlo, uno imagina que escribió para sí mismo. Esto no es exacto. Escribió y consagró su trabajo a la práctica del psicoanálisis, a su elucidación y transformación. Y no digo que consagró su trabajo a la lectura y restitución del sentido de la obra de Freud, que sin embargo lo ocupa como es manifiesto, pues incluso su lectura de Freud fue para él tan sólo un medio –un medio y no un fin–, siendo el fin su práctica del análisis.

Digamos de inmediato que, a diferencia de Freud, Lacan no concibe en absoluto que haya psicoanálisis aplicado. "En el sentido propio –dice– el psicoanálisis no se aplica más que como tratamiento clínico." Eso es el psicoanálisis aplicado, o sea el psicoanálisis aplicado a un sujeto que habla y que oye. Esto limita seriamente los jugueteos a los que es posible librarse en nombre de Lacan. Lo cual no impide, desde luego, inspirarse en el método del psicoanálisis para descifrar, descifrar el significante sin presuponer el significado, si es así como podemos caracterizar del modo más simple el método del psicoanálisis en cuanto sería posible inspirarse en él para la crítica literaria. Pero ante la obra de arte ¿qué puede hacer el analista? La tesis de Lacan es que no tiene que criticar: el analista no puede hacer otra cosa que tomar la obra de arte por modelo, es decir que ante ella, de lo que se trata para el analista es de emulación y no de crítica. Lo digo para señalarles que de eso se trata en Lacan y que implica todo lo contrario del desprecio por la literatura: implica su más extrema valorización. Seguramente saben que Lacan se dedicó mucho a Joyce; es indudable que hubiese querido hacer sobre Joyce un gran escrito que no hizo; y yo lo vi llenar su biblioteca durante años en la década del setenta, con todo lo que aparecía y había aparecido sobre Joyce, y así se formó una biblioteca inmensa, unos trescientos volúmenes sobre Joyce que le pasaba el profesor Jacques Aubert, que es el traductor de Joyce al francés. Así que Lacan se ocupó mucho de Joyce, pero dijo precisamente que Joyce no habría ganado nada con un psicoanálisis –psicoanálisis que su mecenas le ofrecía–, no porque el analista hubiese sido Jung sino porque ya, dice Lacan, iba derechito a lo mejor que se puede esperar al fin de un psicoanálisis. Volveré sobre este punto esencial en otro momento de la charla.

Esto no quiere decir que el psicoanálisis no produzca efectos en la literatura. Pienso que, por el contrario, la existencia misma del psicoanálisis produjo efectos en la literatura, así como produjo efectos en la histeria. Bastó con que hubiera un psicoanalista en el mundo para que la clínica de la histeria cambiase; pues la clínica no es inmutable, ella misma está inserta en la historia y la presencia del analista hizo palidecer a la histeria. Pienso también que hay una literatura postanalítica y que, en cierto modo, desde que existe el análisis, la literatura se divide entre una literatura de puro fantasma y esa literatura del síntoma por la que Lacan caracterizó a la de Joyce. Digo esto sumariamente, tal vez tengamos ocasión de volver a tratarlo.

Así, cuando en los *Escritos* de Lacan y en su *Seminario* encuentran ustedes referencias al teatro, a los cuentos, a las novelas, a los poemas, sepan que para Lacan, en un discurso que hace de la experiencia analítica el objeto de su preocupación, son instrumentados como ilustraciones, como ejemplos: ejemplos que apuntan a la experiencia analítica. Y diré que Lacan, al menos en esto, es estructuralista, es decir que es *bricoleur* *. Lo que permite esto –y a todos, lo sepan o no– es el hecho de que el significante funciona en primer lugar como separado de su significación, precisamente por eso se presta a significaciones nuevas. Y uno se desubica si piensa que se le critica a Lacan no haber ocultado, por supuesto, que tomaba en la literatura lo que podía servir de apólogo para el psicoanálisis: el fundamento está precisamente en la autonomía del significante respecto de la significación. Había que mencionar esto para empezar, dada la disciplina a la que ustedes se dedican: no hay en Lacan crítica literaria, como no hay en Freud antropología. Aquí por el mito oral –en Freud–, allá por el escrito literario –en Lacan–, hay aproximación, cercamiento de puntos límites del discurso analítico, pero no hay, estrictamente hablando, crítica literaria. La interpretación psicoanalítica no está en su lugar más que en la experiencia analítica en cuanto dicho del analista, un dicho del que él espera, del lado del sujeto en análisis, una mutación. La interpretación –en este sentido que es el de Lacan– no es una construcción.

La interpretación es la captación de la ocasión en la sesión analítica. Y al decir esto temo, naturalmente, que a alguno de ustedes no le caiga bien; pero si hablo así es porque tomo las cosas del lado de Lacan. Por lo demás, admito que es a los críticos literarios a quienes les

---

* Término que carece de equivalente exacto en castellano, y que designa al que realiza pequeños trabajos manuales en su casa o bien al que arregla o repara algún objeto o máquina sin ser del oficio. [N. de T.]

corresponde decir qué cosa les sirve de la elaboración de Freud y de
Lacan, toda vez que también a ustedes les reconozco el derecho de *bri-
coler*, e incluso de *braconner* *. Lo único que les pido que retengan es
el modo en que el propio Lacan lo entendía. Una vez lo dijo y ahora yo
lo voy a repetir: "Si la crítica literaria pudiera renovarse efectivamente, sería porque ahí está el psicoanálisis para que los textos se midan
según él, estando el enigma de su lado". Del lado del psicoanálisis. Pero evidentemente, el problema está en que esta misma frase de Lacan
encierra un enigma. Lo que estoy diciendo, entonces, responde a un
afán de precaución y también de incitación, para subrayar que Lacan
no se dirige en primer lugar a ustedes. De manera que hay que hacer
algunos esfuerzos para conseguir ser destinatario de su mensaje. Por
esta senda, más de uno se hizo psicoanalista.

Para encaminarlos hacia Lacan, ya que ésta es mi meta de hoy,
hace falta –vuelvo a pedir disculpas– una tercera precaución; liquidar
para ustedes un último prejuicio, que es una trampa. Esa trampa es
la que encubre ese volumen de los *Escritos*, del que empiezo a ver
publicarse en inglés algunas exégesis, ese libro que efectivamente, como lo recordaba el profesor Sullivan, salió en 1966, fecha que es un
punto de viraje. ¿Cuál es esa trampa? Y ésta será mi manera de decirles no cómo hay que leer a Lacan, sino cómo lo leo yo. Hay un hecho:
Lacan escribe y, si bien nunca pretendió ser escritor, tiene su estilo
–quienes lo frecuentaron se dieron cuenta–, y este estilo sostiene un
saber que, en apariencia, hace Suma. Es bastante como para que, una
vez importado al campo universitario –al que no pertenece, lo sub-
rayo–, se haya convertido a Lacan en un autor y a su enseñanza en una
obra. Se imagina que los *Escritos* son un libro y esta ilusión tiene
muchas consecuencias en la manera en que se lo lee; es decir que se
lee a Lacan, se cita a Lacan, se asocian frases de Lacan, se cree que
la primera página de ese libro es contemporánea de la última, se fan-
tasea que Lacan tiene una doctrina y, llegado el caso, se intenta per-
geñar una síntesis; se imagina que tiene una doctrina y que la aplica,
en el transcurso del tiempo, a diferentes objetos. Y por lo tanto, se ex-
plora a Lacan como en un tiempo suspendido, es decir que se le supone ya ahí el saber que él construye. A esto hay que llamarlo por su
nombre: es, exactamente, un efecto de transferencia. Y preciso es
constatar –yo lo constato todos los días– que el estilo de Lacan gene-
ra la transferencia, es decir una suposición de saber que va más allá

* Cazar o pescar furtivamente. [N. de T.]

del saber explicitado, un estilo que precisamente crea la suposición de un saber que no sería sabido, o sea aquello de lo cual Lacan da cuenta con el nombre de inconsciente. En este aspecto el estilo de Lacan, que sin embargo podríamos llamar tan formal, tan abstracto, moviliza efectivamente al sujeto-supuesto-saber y la consecuencia es imaginar que, en ese volumen, todo es contemporáneo.

Hay que decir que el propio Lacan le da una mano a esta ilusión puesto que, cada diez páginas, ahí están otra vez su estadio del espejo, el amo y el esclavo, el "Tú eres mi mujer" –estoy hablando para los que ya han hojeado los *Escritos*–, vemos cómo vuelven, al hilo de las páginas, esas mismas referencias. Entonces se puede pensar que todo eso se dice al mismo tiempo. ¿Pero no confiesa Lacan que choca, tropieza, cambia, se corrige, transforma? Lo confiesa todo el tiempo pero no se lo oye, porque puede más el estupor de un estilo que, por sinuoso que sea, por trenzado en sí mismo que sea, se despliega normalmente, habitualmente en forma de aserción. Y no se advierte que Lacan nunca reescribió no sólo el mismo texto sino ni siquiera la misma tesis, que nunca produjo el equivalente de un texto. Lacan nunca encontró su principio de actividad teórica en el mero tratamiento de objetos nuevos, sobre la base de una doctrina ya establecida, invariable. Es obvio que hay autores –no daré nombres– que aun si su estilo apela continuamente al condicional y al interrogativo, tienen disponible ya en el bolsillo, cada vez, la respuesta que sencillamente esperan a lo largo de un difícil avance. Diré en cambio, de Lacan, que no hay uno solo de sus escritos que no modifique las perspectivas de aquel al que sucede. Hasta diré que el final de un escrito de Lacan a menudo no es contemporáneo de su comienzo. Quiero decir que la definición planteada al principio va evolucionando en el curso del texto y es distinta en el final. Con que sólo retuvieran esto de lo que les estoy diciendo ya sería suficiente: no hay obra de Lacan, hay una enseñanza de Lacan. Y es preciso que les haga sentir lo que Lacan entendía por ello y la resistencia que él opone precisamente a esas lecturas que se pretende hacer. Lacan nunca dijo de sí mismo otra cosa. ¿En qué términos habla de lo que hace? En términos de recorrido, de avance, de facilitación. Uno se desorienta con las definiciones que Lacan prodiga. En realidad, una definición en Lacan es una operación que no tiene ningún punto de comparación con lo que creemos que es la definición en las disciplinas universitarias y hasta científicas. Sus definiciones construyen y modifican lo que introducen, no lo describen. En este aspecto son otros tantos significantes que crean su significado, pero

además las definiciones de Lacan no se superponen. Quiero decir que
cuando buscamos un pasaje donde habla del falo, y otro, y creemos
que vamos a poder superponer estas dos definiciones, nos engaña-
mos, porque obramos como si el punto en cuestión existiera independientemente de la forma en que se lo trae. Y por eso asisto en París a
batallas de citas; al menos les he puesto el orden correcto. Hay que
comprender que "Esto no es un libro" quiere decir que es un trayecto,
un recorrido. Hay que reintroducir el factor tiempo en los *Escritos* de
Lacan. Las propias fórmulas que él repite, "el inconsciente estructurado como un lenguaje" o "el sujeto representado por un significante
para otro significante", no tienen dos veces el mismo valor exacto. Así
resulta fácil entender que el Seminario, que durante mucho tiempo
fue semanal, fuese su modo particular, electivo de elaboración. Lacan
nunca se dedicó a descansar sobre una playa de saber y a explotarla
mediante una incesante repetición, como vemos que hacen otros autores; su enseñanza era en primer lugar una enseñanza oral, acromá-
tica, y la mayor parte de sus escritos caen de ella como otros tantos
restos, como otros tantos desechos: estos son sus mismos términos,
que además son documentos de una resistencia del Otro encarnado
en un auditorio que fue acumulándose progresivamente sin entender
más por ello. El éxito de Lacan consiste en que al principio había cincuenta personas para no entenderlo y al final hubo millares.

   ¿Lo que atraía a ese público era el prestigio de las aserciones? ¿O
lo incitaba, más secretamente, una problemática cuyo resorte es en
esencia aporético? Está probado, lo digo, que hasta ahora no se comprendió nada. Exaltado como estaba por los dichos de Lacan, que se
creía tenían forma de oráculos, o por sus matemas que parecían defi-
nitivos, el lector de los *Escritos*, no menos que en otro tiempo el oyente
del Seminario, no sabe oír las preguntas de Lacan. Al leerlo sólo regis-
tra sus respuestas, de las que por lo general no sabe de dónde vienen.

   Es así como yo los invito a leer a Lacan, es así como, en el curso
semanal que hago sobre Lacan, reconstruyo la problemática subya-
cente a su enseñanza, que sin embargo aflora. Y lo que muestro es
completamente distinto de lo que se captó de Lacan hasta el presente:
yo muestro a un Lacan que piensa contra Lacan, yo muestro no al pro-
feta clamando a todos los vientos sus certezas, sino a un Lacan que
se da la réplica a sí mismo más que a nadie y que nunca es tan afir-
mativo como cuando se desmiente a sí mismo.

   Entonces ¿cómo leer a Lacan? Responderé: a partir de sus preguntas. Y tanto a partir de lo que no dice como de lo que dice. De lo contra-

rio, cómo entender que justamente haya apelado tanto, al comienzo de su enseñanza por ejemplo, a la fórmula que supuestamente da fe de la dialéctica del reconocimiento: "Tú eres mi mujer", en la que veía la necesidad, para decir "Yo soy un hombre", de dirigirse primero al otro para fundarlo en su ser. Esto significaba sencillamente que creía posible fundar la relación sexual por el símbolo. Y en cambio hizo su lema, en muchos años de la última etapa de su vida, de la proposición de que precisamente, en lo simbólico, no hay posibilidad de fundar la relación sexual. No se puede comprender la insistencia de lo que él repite en esa década de 1970 si no se advierte que, sobre este punto, dice lo contrario de lo que decía en la década del cincuenta. Como es obvio, esto sólo les resonará a los que ya tienen una pequeña idea de Lacan.

Entonces digo –en todo caso es mi propia posición– que la enseñanza de Lacan no es una suma, que no es una dogmática, es decir que no es un saber sostenido en un significante amo que le tapona su verdad, sino una enseñanza que procede de un esfuerzo permanente contra la represión. Y por eso Lacan pudo decir que en su Seminario tomaba la palabra en condición de analizante, donde hay que entender exactamente: en condición de sujeto, en su sentido –y ustedes saben cómo escribe a ese sujeto, $, en condición de sujeto barrado, es decir, un sujeto no definido por lo que sabe sino, al contrario, definido por su "No quiero saber nada de eso".

La enseñanza de Lacan, en cierto sentido, posee una extremada continuidad, pues cada paso supone el paso anterior, y no se despliega como una deducción lineal puesto que la consecuencia, llegado el caso, borra las premisas y siempre las reencuadra y las desplaza. Esta es la perspectiva que considero justa en lo que atañe a cómo leer a Lacan, y creo que ustedes se beneficiarán al menos si conceden un prejuicio favorable a esta manera de percibir a Lacan: los desorientará menos que lo que a veces se les propone como síntesis de Lacan.

Después de lo que acabo de decir ¿cómo hacerles surgir a Lacan con toda claridad? Ante todo debo poner dos fechas ante ustedes: 1901-1981. Aquí tienen los límites de su vida en su amplitud; y el postestructuralismo no es más que un pequeño alboroto que se produjo en un momento dado. La mitad de su vida se sitúa en 1941, y es entonces cuando instala en la calle de Lille número 3, en París, su consultorio –que por otra parte Stuart Schneiderman describió un poco en su libro–, y hay que decir que tuvo progresivamente –valoren esto– una práctica enorme –no digo importante, digo enorme– y que le ocupaba la mayor parte del tiempo. Esto ya lo pone aparte de quienes son, por su profesión, universitarios. Una práctica enorme entonces, e incluso diré –tal vez así habría que presentar a Lacan en USA, no sé– el psicoanalista que tuvo la más vasta experiencia clínica de todos los tiempos; lo digo con el sentido de los superlativos. Es indiscutible. Se reprochó a Lacan hacer sesiones cortas, uno puede juzgar este reproche como quiera, pero en todo caso la consecuencia es que vio más pacientes durante ese tiempo que ningún otro psicoanalista. Y no crean que se hace eso durante cincuenta años siendo lo que llaman un embaucador: así no se aguantan cincuenta años.

Mi idea era dirigirme a ustedes ante todo como especialistas en letras, pero la señora Ellie Sullivan me hizo notar que de todos modos tenía que darles una idea de lo que está en juego en la enseñanza de Lacan con respecto a esa práctica. En el fondo, lo que está en juego en la enseñanza de Lacan a partir de esa práctica, es lo que se puede aprender y transmitir sobre lo que es el hombre partiendo de esa experiencia limitada en su definición que es el psicoanálisis. Lo que se puede aprender con él sobre el hombre es mucho, lo que se puede aprender sobre su deseo, especialmente sobre sus dificultades con su deseo, por ejemplo por qué ese hombre se defiende de su deseo, es decir a qué se puede deber que, en el propio movimiento de su deseo, se vea detenido por un límite, invisible, del que no conoce nada, y que su deseo caiga: esto sucede, especialmente si es neurótico obsesivo; o por qué ese hombre o esa mujer, no puede sostener su deseo sino en forma de insatisfacción: si es histérico; o, si es perverso, por qué su deseo está ligado a la presencia de un objeto particular, y de una particularidad radical, a falta de lo cual no desea; ese objeto está ahí como la condición de posibilidad de su deseo; llegado el caso, puede ser también que el hombre en cuestión esté loco, que se persuada de que un Otro lo persigue y goza con perseguirlo: es la paranoia; y que ese Otro se interese en él de una manera tan exclusiva que hasta llegue a hablarle dentro de la cabeza: es lo que llaman automatismo mental; o incluso que, dentro de su cuerpo, sus órganos actúen cada uno por su cuenta: es lo que a menudo se bautiza con el nombre de esquizofrenia; o incluso que este hombre se haga desecho del discurso y hasta se niegue a entrar en él: y es lo que llaman, con excesiva ligereza, autismo.

Por supuesto, esto es clínica, y es lo que Lacan vio toda su vida y lo que hizo. Pero el término "clínica" es un vocablo demasiado cómodo para poner aparte lo que acabo de decir, para imaginar que esas dificultades y esos avatares del deseo serían una especie de zoología;

siendo que justamente, a partir de Freud, esas dificultades del hombre con su deseo son antropología pura, con la salvedad de que el concepto de hombre no sale de ella tan seguro como había entrado. ¿Y por qué es a partir de Freud cuando la clínica adquiere ese estatuto? Precisamente porque Freud amplió el campo de los hechos establecidos o que parecían estarlo, porque lo que parecían ser los desperdicios de la vida mental, los sueños, los lapsus, los tropiezos de la conducta, los chistes, Freud demostró –y esto lo aceptó todo el mundo, más allá de lo que puede hacer el escepticismo afectado– que son hechos organizados, eslabonados en lo que merece llamarse una lógica. Y al demostrarlo, demostró también que esos hechos y esas dificultades del deseo valen para todos los que hablan, quiero decir en la definición, ya que aquí vale para todos los que escuchan también. Lo que vale es el hecho del síntoma. Lo que distingue al síntoma analítico del síntoma médico y del síntoma psiquiátrico es que está establecido por el que habla de sí mismo, no por el clínico que lo observa. En la experiencia clínica –hay que decirlo así– el sujeto es su propio clínico: hay síntoma en el sentido analítico cuando el sujeto se experimenta como desbordado por lo que le sucede en su propio pensamiento, desbordado en la esfera de lo que piensa que es su ser. Agreguemos que su pensamiento también puede bajar a su cuerpo. El síntoma toma la forma de la clínica cuando resulta imposible de soportar; y si esto no sucede uno se las arregla, lo que no significa que uno no tenga esos síntomas. Es así como Lacan definía la clínica: lo real como lo imposible de soportar. Pero evidentemente hay artificios que permiten soportar esa condición, hay cierto número de cataplasmas, de taponamientos: la cultura, por ejemplo. En su definición más general, la cultura es lo que acondiciona, lo que domestica, lo que atempera lo imposible de soportar, es el conjunto de los artificios aptos para hacer soportar lo real, para hacer que se lo tome con paciencia. Y diré inclusive que los estilos y las modas responden incesantemente a lo que en cada momento resulta ser insoportable para los contemporáneos. O sea que diciendo "Eso es clínica", no tenemos que pensar que encerramos aparte, en el consultorio del analista, aquello de que se trata en psicoanálisis. Freud escribió, por ejemplo, *Psicología de las masas...*, y si pudo hacerlo fue porque el psicoanálisis en sí mismo es una experiencia social, es decir una experiencia donde están presentes los constituyentes mínimos del lazo social. Lo dice en la introducción: hay dos individuos, y ahí tenemos *a minima* los constituyentes del lazo social, dos individuos a los que hay que sumar el lenguaje, el discurso universal concreto, que ahí están también con ellos. Y precisamente a partir de esto, Lacan, en la década del setenta, definió cuatro modos fundamentales del lazo social que él llamó los cuatro discursos.

Sólo partiendo de esto, además, se puede tener quizá una noción de qué es lo que produce esas disrupciones sociales que toman forma de epidemias; en el mismo sentido, quizás así es posible hacerse una idea de la razón por la que los hombres son tan sensibles a la irrupción de un significante nuevo. Para hacer la experiencia, basta por ejemplo con estudiar el nacimiento del Islam en el siglo VII: vemos así que un hombre, por su discurso, puede conglomerar a muchísimos individuos y lanzarlos a un movimiento que hace guerras y conquistas. Esto se produce por el significante "Mahoma", no por otra cosa. Y es manifiesto que aparecen esos efectos de disrupción en los que sale a la luz, se cree, la irracionalidad del hombre: tenemos un ejemplo en la última guerra. Cuando se habla de la acción del mal en la historia, se renuncia a la razón. Por el contrario, ser aquí racionalista es tratar de entender por qué el hombre es tan sensible a la acción del significante, puesto que no se trata de otra cosa. ¿Por qué el hombre es tan sensible a la acción del significante y, si la palabra "significante" les molesta, del discurso? También se trata de establecer esto, y de abordarlo por la experiencia analítica. Y diré que es esto lo que está en juego en el psicoanálisis tal como Lacan lo entiende, que es una experiencia aparentemente tan limitada.

Hay que decir que también tiene su incidencia en la manera en que podemos entender lo que sucede en la ciencia, porque la ciencia también resulta de la introducción de un significante nuevo; a partir de lo cual el mundo y la naturaleza se modifican mucho más allá de lo que nosotros controlamos. Clínicamente, hay que decirlo, la ciencia es una psicosis. Cuando Galileo formula que "la naturaleza está escrita en términos matemáticos" ¿qué otra cosa dice sino que, en lo real, hay ya un saber, y que funciona solo? Si podemos hablar de ciencia es porque esto se dijo en el siglo XVII, es decir, desde el momento en que se postula que en lo real hay un saber que funciona solo. En lo que nos concierne, la incidencia de la ciencia se nos presenta ante todo con esos objetos que en francés se llaman *gadgets* *, y de los que hace poco un directivo de informática de la Silicone Valley dijo algo que me pareció tan profundo, tan ilustrativo que lo comenté en uno de mis cursos, y que también nos permite apreciar qué se juega aquí

---

* Dispositivo, objeto doméstico divertido y novedoso. [N. de T.]

desde el punto de vista del significante: *"Home computers are a solution without a problem"*. Aquí distinguí precisamente el modo de incidencia propio del significante lanzado por la ciencia. Además me permitió resituar esa modalidad propia del sujeto en análisis que es, por el contrario, la pregunta: el sujeto aporta el vacío de su pregunta.

¿Por qué la clínica no pertenece a una suerte de zoología? Y entonces la pregunta clínica es, también: ¿por qué, entre los hombres y las mujeres, la cosa no marcha? Al menos tenía que decirlo. La cosa no marcha y no marcha nunca, en el fondo todo el mundo lo sabe, todo el mundo sabe que no hay armonía preestablecida entre los sexos, que no se puede jugar a una etología del comportamiento humano en el plano sexual. A veces se intenta, se muestran acoplamientos de animales y se intenta, como en el libro de Desmond Morris, meter al final algunas páginas probando incluir a los hombres y a las mujeres. Y la única señal femenina que se encuentra serían las variaciones de la pupila: ¡es muy poco al lado de todo lo que se despliega en el mundo animal!

El problema de fondo –y esto es lo que quiso decir Lacan con su "No hay relación sexual"– es que relaciones sexuales hay, por supuesto, pero que en la especie humana no hay relación fija e invariable, como escrita, gracias a la cual una mujer o un hombre reconocen al otro como aquel que le hace falta. Por eso además hay lugar para la invención, y en el curso de la historia se han inventado muchas formas que permiten a los hombres y a las mujeres relacionarse los unos con los otros, muchas formas sociales, justamente por la ausencia de esa relación fija e invariable.

Lo que también se comprueba es que el hombre inventa poco en esta materia, y contrariamente a los que esperan mucho de la liberación del deseo, lo que la experiencia analítica atestigua es que el repertorio de fantasmas de que son capaces los hombres y las mujeres es sumamente reducido, sumamente limitado.

Sin duda, están las perversiones. Son invenciones, verdaderamente. Invenciones que se colocan en el lugar de esa relación sexual que no hay. Pero, también aquí, el catálogo de las perversiones es sumamente limitado. Lacan dijo una vez –no sé si sus oyentes lo comprendieron, pero con esto que les estoy diciendo lo pueden entender–: "Lo mejor que se podría esperar del psicoanálisis es que invente una nueva perversión". Lo que significaba una nueva manera de atrapar esa relación entre el hombre y la mujer que no es una relación fija e invariable. Significa que, en el plano clínico de las relaciones entre el hombre y la mujer, no hay *know how*. Es decir que, como es obvio, estamos a una altura de la ciencia en que se procura tratar técnicamente esa relación. Pero, hay que decirlo, hay aquí una forma remozada de la sabiduría. Lo que atrapamos por el sesgo de la sexología, es decir en la apariencia técnica del manejo, es una forma remozada de lo que se esperaba de las sabidurías antiguas, de las sabidurías orientales, que además también tuvieron su modalidad: de la sexología se espera un *know how* del goce sexual.

Pues bien, la existencia del psicoanálisis prueba, por el contrario, el extravío en que está el sujeto en cuanto a su goce, y lo está incluso especialmente en la edad de la ciencia.

Este excursus ha sido un poco rápido. Siempre se puede decir que la cosa consiste en mostrarnos un sujeto descentrado, que ésa sería la novedad aportada por Lacan. Pero Lacan nunca presentó lo que decía como un descentramiento del sujeto, fue Freud quien en determinado momento comparó su descubrimiento con Copérnico y habló de descentramiento. Lo fastidioso del descentramiento copernicano es que en realidad es la promoción de un centro, de un centro más centro que ninguno pues es el sol. Aquí se trata de algo muy distinto. Se trata, primero, de señalar en el hombre ese excentramiento con relación al significante pero, más allá, lo que se descubre con el psicoanálisis es un ser del hombre estrictamente inédito en la historia. No se trata simplemente de que en su ser el sujeto sea sensible al significante –cosa esencial–, no se trata simplemente de que el hombre se contente con palabras –que él pronuncia o escucha–, no se trata simplemente de que el lenguaje preexista al ser hablante; que el lenguaje preexiste al ser humano que en él ingresa es una notación fundamental, porque si no se pone esta proposición en primer lugar, uno acaba en las elucubraciones de Chomsky sobre la biología del lenguaje, de la que, como lingüista, no tiene ninguna posibilidad de encontrarle nunca una respuesta. El punto que concierne realmente al lingüista es que el lenguaje ya está ahí, antes de que ninguno empiece a hablar, el lenguaje ya está ahí, en el exterior, en el mundo, en lo que Lacan llama el Otro, que es previo al sujeto.

Lo que Freud descubrió en este sentido es que, para cada ser hablante, hay palabras que fueron decisivas. Y llegado el caso son palabras que se pronunciaron antes de que naciera, toda vez que llegado el caso, e incluso como regla, son esas palabras del discurso de los padres las que determinan asimismo lo que tendrá que pagar luego en su vida. Al respecto, de la deuda contraída por sus padres, le pasan el relevo. También es preciso reconocer la función decisiva que cumple en cada cual lo que fue en el deseo de sus padres, y el psicoanálisis nos hace conocer precisamente los estragos que produce sobre estos hijos el no-deseo de los padres. Los hijos no deseados, si no aparece nada que se oponga, tienen inclinación al suicidio, y hay que reconocer que aun con un psicoanálisis no es algo fácil de cambiar.

Esto es una parte de las cosas: el hombre aparece a partir del psicoanálisis como un jirón de discurso, como un pedazo de discurso. Y es lo que Freud mismo formuló –no lo supieron oir– con el concepto de superyó. Se supuso que superyó quería decir moralidad. ¡De ninguna manera! Se psicologizó el concepto de superyó. Superyó quiere decir que para un hombre hay fórmulas que se imponen sobre él y que lo guían, lo quiera o no, por vías de goce que llegado el caso él rechaza, un goce que llegado el caso él no quiere. Y así se explica la forma paradójica en que Lacan formulaba el imperativo del superyó freudiano: "¡Goza!"

¿Cómo pensar esto? Porque es estupendo, es realmente estupendo decir además que se basa en la experiencia. Pues bien, la enseñanza de Lacan consiste en tratar de dar una forma que yo llamo racional a esos hechos que, dados con este desorden, les pintan evidentemente una imagen un tanto catastrófica de la especie humana, pero que sin embargo no dista demasiado de nuestra realidad cotidiana.

¿Cómo pensarlo y no sólo decirlo o describirlo? Pues bien, es lo que hizo Lacan al plantear el concepto del sujeto, que es más extremo y extraordinario de lo que se cree y que evidentemente sorprendió a nuestros estructuralistas de aquellos tiempos, cuando se suponía que la estructura implicaba la evacuación del sujeto. El concepto de sujeto es la forma en que Lacan procura dar cuenta de ese hombre como jirón de discurso, de ese hombre tan sensible al discurso, de ese hombre que a través del discurso intenta forjarse un lazo con un *partenaire*, lazo cuya fórmula no posee. Este sujeto, en primer lugar, tiene que ser un sujeto que vaya más allá del individuo, al que desde Aristóteles siempre se definió a partir del viviente, del cuerpo viviente. Pues bien, justamente porque este sujeto depende llegado el caso de las palabras que se dijeron antes de que naciera, por supuesto que hay que definirlo como transindividual. Además, también hay que definirlo como sujeto a identificarse. Y de ahí procede el concepto freudiano de identificación. Pero ¿qué implica? ¿Qué implica que el hombre sea llevado a identificarse? Justamente, que en él hay carencia de identidad. Por eso se ve capturado en un movimiento de identificación. Y eso es también lo que Lacan escribe $. Lo escribe $ porque no se escribe S = S. Se escribe así al sujeto que se identifica.

El sujeto se impone también por el hecho de que aquí el hombre, en la dimensión que el psicoanálisis aborda, no es amo, el hombre es siervo, es decir, sujeto. "Sujeto" también quiere decir esto en el sentido de Lacan. Y también es el sujeto del superyó. ¿Por qué hay que escribir $ a este sujeto del superyó? Porque presenta la paradoja de ser un sujeto que se ve conducido a actuar en contra de su propio bien, y que en eso está dividido. En el fondo, eso es lo que a la filosofía, en su tradición antigua, le resultó inconcebible; es decir que, precisamente en el hombre, su goce más intenso pueda contradecirse exactamente con su bienestar.

Aquí se impone además lo que Lacan llama ética del psicoanálisis: es cierto que hay que hacer una elección, y que buscar la verdad del propio goce perturba indudablemente el bienestar. Además por eso la gente que va a analizarse lo hace porque ese goce ya ha perturbado su bienestar: en eso consiste lo imposible de soportar.

Lo que impone postular el sujeto es asimismo que es el sujeto del síntoma, vale decir, el sujeto superado por lo que surge en su seno: no sabe qué le pasa.

Tratar de elaborar lógicamente –y no retóricamente, como lo estoy haciendo aquí– un sujeto que pueda ser ese sujeto siervo del discurso, ese sujeto transindividual, ese sujeto sujeto a identificarse, ese sujeto del superyó, ese sujeto del síntoma, ésta es la fibra, el nervio de la enseñanza de Lacan, lo que él llamó la "subversión del sujeto", es decir un concepto de sujeto, hay que decirlo, como nunca lo hubo antes.

Los estructuralistas –y hasta los postestructuralistas, si es que el término tiene algún sentido– se imaginaron que las estructuras excluían al sujeto, que excluían al hombre y por lo tanto al sujeto, es decir que las estructuras, en el fondo, daban vueltas solas y se hallaban en una relación de exterioridad con respecto al hombre. Lévi-Strauss nunca dijo otra cosa que la siguiente: que cuando uno piensa a partir de las estructuras, el concepto de hombre no sirve para nada; lo cual equivalía simplemente a plantear las cosas en una relación de exterioridad, o sea que los ciclos de lenguaje dan vueltas y no se necesita pensar al hombre para dar cuenta de ese funcionamiento.

Después vino lo que yo llamaré la embriaguez postestructuralista –y aquí sí que se aplica el término, lo admito– que consistió, después de leer a los estructuralistas, en pensar que los significantes se arreglan entre ellos, que son indominables, que no forman conjuntos, y que los textos hablan con los textos: es, creo, lo que se llamó vagamente "intertexto". Diré que es la embriaguez académica por excelencia, la embriaguez de la erudición porque, en realidad, consiste en hacer hincapié en el significante en cuanto semblante, lo que quiere decir que sobre lo único que tiene consecuencia es sobre los otros significantes. Si ustedes quieren, es la embriaguez de que un significante valga por otro. Y de este modo, mediante un juego de sustitución, de desfasaje, se embarca uno en una metonimia al infinito donde la verdad última es que no hay verdad última, donde la palabra final es que no hay fin. A eso le llaman a veces, creo, desconstrucción; yo lo llamaré, por mi parte, metonimismo, el metonimismo donde de hecho uno siempre sabe de antemano cuál es la respuesta que aporta al proceso. La respuesta es justamente nada, es decir que la construcción no es más que contingente y hace resonar, en definitiva, el peso de la tradición, siempre la misma.

Lo que estoy describiendo a grandes rasgos –y pienso que les va a chocar a algunos– es que en realidad ahí se trata del saber como puro semblante. "Como puro semblante", lo que quiere decir diferente que en el análisis: el análisis es un saber en el que hay que meter algo propio, es una experiencia en la cual uno se compromete. El metonimismo, como yo lo llamo, no hace más que acentuar el efecto desrealizante del significante, ese efecto desrealizante que hace que, en definitiva, en todos los armarios encontremos el mismo plato. Bajo nombres diferentes –los únicos que difieren son los nombres–, bajo nombres diferentes, encontramos siempre nada.

Pues bien, no hay metonimia al infinito, por el contrario hay detenciones, concreciones, acumulaciones. El significante tiene efectos y tiene también productos. El significante crea significación. Pero no sólo eso. El significante crea sufrimiento, y crea goce, del síntoma y del fantasma. Y en este sentido la diferencia, si están dispuestos a oírme, entre Lacan y cualquier postestructuralista, es lo que él llama, con una expresión en la que se ha reparado poco, pasión del significante. Pasión del significante no quiere decir amor del significante. Pasión del significante quiere decir que el psicoanálisis, en todos los casos, concierne a aquello que padece del significante, a aquello que sufre del significante. Es decir que este significante tiene efectos y tiene productos.

Es lo que Freud también llamó castración, que es el nombre que él le dio a esa pasión del significante. ¿Y cómo es que en particular el viviente que tiene que soportar al significante, al que el significante habita, al que el significante parasita, al que el significante estorba, sea sufriente? ¿Cómo es que el significante tiene efecto de sufrimiento en él? Preciso es decir que, como regla general, el significante lo menoscaba. Lo advertimos en los animales: los domésticos ya no tienen la belleza del estado salvaje, uno siente que acercarse al lenguaje los desvaloriza, y que en este aspecto el lenguaje mismo es mortificación. Pues bien, el efecto fundamental de esa pasión del significante es un déficit de goce en el viviente, e incluso una anulación de goce.

Debemos decir que es verdad, salvo que precisamente a causa de esa pérdida podemos tener una idea del goce, porque cuando esa pérdida no se produce, uno no sabe. Lacan a veces preguntaba, y no es una extravagancia: "¿De qué goza el árbol?", o "¿De qué goza la ostra?", es decir, de qué gozan esos vivientes en los que no existe esa pérdida causada por el significante.

Es aquí donde Lacan retomó la castración freudiana, y la retomó en la forma de que el significante produce efecto de anulación de goce, de anulación casi completa. Y es aquí donde el goce llega al sujeto bajo la forma que Lacan llama "plus-de-gozar". Se construyó sobre el concepto marxista de plusvalía. En la plusvalía hay un intercambio, uno da algo y recibe el equivalente, salvo que hay un residuo, un resto. Pues bien, lo que Lacan llamó plus-de-gozar es eso, que para el ser viviente se entabla un intercambio entre el lenguaje y el goce, que él pierde este goce y que esta pérdida es correlativa al lenguaje, pero que resta un goce como refugiado en ciertas zonas del cuerpo, y ese goce residual que Lacan llama plus-de-gozar es el que Freud aisló también bajo el nombre de zonas erógenas, que son justamente esas zonas límites del cuerpo en que el goce viene como a enroscarse, y también a través de lo que él llamó los estadios del desarrollo oral y anal: son los puntos en que el cuerpo del viviente que habla, que está deshabitado por el goce, conserva sin embargo sus ligaduras con el goce. Y en este sentido podemos ver que el cuerpo siempre sirvió al ser hablante como superficie de inscripción significante. Es el primer lugar donde encontramos la escritura, como tatuaje o como escarificación: aquí apoya Lacan la antinomia del Otro del lenguaje y del goce, y aísla bajo el nombre de objeto *a* esos objetos que son las diferentes formas del plus-de-gozar para el ser hablante.

¿Y el falo, entonces? Como Lacan habló de él en los años 1956-1957, se supuso que el falo era la clave de claves de su enseñanza. Es verdad que Freud plantea que la castración recae electivamente sobre el falo. ¿Y qué quiere decir Lacan cuando lo llama significante del goce? Unicamente que él encarna la parte significante de la pérdida de goce, y que en este sentido coordina con el significante el goce que no es del objeto *a*. Esto es también una consecuencia de lo que Freud descubrió en los *Tres ensayos* acerca del desarrollo de la sexualidad. Lo que Freud descubrió bajo el nombre de sexualidad es muy diferente de lo que uno se imagina: descubrió que el goce no es primeramente sexual, en el sentido de que el goce sexual es el goce del Otro sexo. Su descubrimiento es exactamente lo contrario: que el goce sexual es el goce del cuerpo propio. La palabra goce [*jouissance*] es muy difícil de traducir en otra lengua y en general aconsejo a los traductores que la dejen en francés. Pero para situarla a partir de Freud, el goce es la satisfacción de una pulsión que se cumple alrededor de las zonas erógenas. En sí mismo no está abierto al sexo como Otro sexo. Esto había conducido a Freud a postular una pulsión genital, es decir la idea de una pulsión sexual vuelta hacia el otro sexo como tal. Y lo que descubrió en su lugar es la castración, que en definitiva significa que no hay pulsión sexual como tal y que lo constitutivo para los dos sexos es su relación con esta falta de relación sexual. En este aspecto, si el falo es el símbolo, es el símbolo de lo que separa a los dos sexos por una falta, menos por una falta que por un atascamiento.

Aparte de esto tenemos el goce del falo, que es muy diferente. Debemos considerar que el goce del falo se presenta primero en el psicoanálisis en el hecho de que el sujeto logra ese goce completamente solo, y justamente donde primero se situó el goce fálico fue en la masturbación. Esto es incluso lo que ella designa esencialmente: el goce como cerrado sobre sí mismo. Y por eso –para llegar hasta el final– el goce fálico no está reservado sólo a los hombres, las mujeres no ignoran el goce fálico.

Simplemente, hay una tesis más de Lacan sobre la sexualidad femenina y es que no-todo su goce es fálico u objetal. Y Lacan también intentó dar una fórmula a lo que siempre se supo y que llegado el caso se formuló de un modo mítico; que para las mujeres había acceso a un Otro goce –esto se presta a una clínica también– y del que nadie pensará que es por los otros.

Veo que es necesario interrumpir. Debo decir que considero esta intervención como la introducción y, después de este excursus un tanto retórico, quería mostrarles cómo hay que poner en perspectiva la enseñanza de Lacan, mostrarles por qué el predominio que generalmente se acordó a algunos textos de sus *Escritos* y en particular a "La instancia de la letra [...]", es en realidad una total desviación de la dimensión de avanzada de la enseñanza de Lacan. Quería mostrarles que no se debe acostar a la enseñanza de Lacan en el lecho de Procusto de "La instancia de la letra [...]".

También me aprestaba a rehacerles una nueva lectura de "La carta robada", para mostrarles lo que Lacan dijo realmente y que, es manifiesto, ni las inteligencias más claras lo entendieron.

Pero los límites del tiempo me obligan y, como de todos modos tendría que hablarles así durante ocho o diez horas para llegar a algo, aquí me interrumpo.

H$_2$O

El binario que figura en el cartel del Cuarto Encuentro Internacional del Campo Freudiano, "Histeria y obsesión", constituye un problema clínico que creo poder calificar de actual, y del que se puede decir que su formalización se demoró demasiado. Se inicia, con estas Jornadas de Bordeaux, la discusión sobre este problema clínico actual cuya solución trae aparejadas consecuencias prácticas, técnicas en la dirección de la cura.

La clínica psicoanalítica no es sólo una recopilación de hechos –o narración de casos– susceptibles de ser repartidos en clases de síntomas sino, tal como aquí se la pone en acción, un conjunto de construcciones que varían en función de la ordenación subjetiva según la cual está estructurada la propia experiencia psicoanalítica. Por las mismas razones, la clínica que se hace aquí, en el psicoanálisis, no es por fuerza la clínica que se hace en otros lados. Para nosotros –nosotros, los psicoanalistas cuya referencia capital es la enseñanza de Lacan, referencia que no se limita a la cita, ya que los símbolos que Lacan creó tienen peso en lo real de la experiencia y determinan en ella una estructura cuyos fenómenos inventariamos después–, para nosotros, pues, la ordenación subjetiva de la experiencia psicoanalítica está dada de una manera prevaleciente por un discurso sin palabras, que se encierra en una fórmula, la del discurso analítico, cuya puesta en acto supone como condición previa lo que, en nuestra jerga, llamamos histerización del sujeto. No creo excederme si digo que hay aquí una suerte de consenso, de verdad de vulgata: la histerización es situada por nosotros como la condición subjetiva de la puesta en acto del inconsciente en la experiencia analítica. Desde ella tenemos que responder, precisamente, por el conjunto de la clínica de las neurosis. Por consiguiente, no podemos sustraernos a la exigencia de situar, mediante las coordenadas más precisas, en las formas más diversas de las neurosis, el estatuto de la histeria.

En realidad, el problema se desdobla en dos preguntas. Una, propiamente clínica, interroga lo que podemos designar con el término –cuya impropiedad es excusable porque nos permite confrontar nuestra clínica con la de los otros psicoanalistas (quiero decir: aquellos que no están con nosotros)– de "núcleo" histérico de la neurosis o quizá diríamos más gustosamente "mecanismo". La otra pregunta, que es técnica y atañe a la dirección de la cura, recae sobre el momento histérico en la cura de las neurosis.

El síntoma de la obsesión se propone como vía de acceso a esta problemática general. Se distingue por la evidencia fenoménica del rasgo que en alemán se llama *Zwang*, es decir, fenómenos de coacción, de forzamiento, que se manifiestan en el pensamiento y en los actos del sujeto. Si bien Freud nunca dijo "el inconsciente estructurado como un lenguaje", afirma sin embargo a la histeria estructurada como una lengua. Aceptemos, pues, este desafío de derivar de la histeria la obsesión. El plantea para nosotros la cuestión de la construcción de la fórmula de transformación que, de la una, haría surgir la otra. Si bien he propuesto como título de esta contribución la sigla irónica H_2O, ella no ofrece sin embargo la fórmula que buscamos. La elegí para que hiciera las veces de esa fórmula que Freud implica y que aún es preciso encontrar.

En efecto, en el caso *princeps* de "El hombre de las ratas" que Lacan celebra en 1969 escribiendo que de él proviene todo lo que sabemos de la neurosis obsesiva, Freud distingue histeria y obsesión en estos términos: "En lugar de hallar, como sucede regularmente en la histeria, un compromiso, una expresión para los dos contrarios [matando, por así decir, dos pájaros de un tiro], las dos tendencias contradictorias se encuentran aquí [en la neurosis obsesiva] satisfaciéndose una después de la otra no sin que el sujeto intente crear entre las dos un nexo lógico". Esta observación de Freud implica una formalización implícita: sitúa la histeria a partir del compromiso, es decir, para expresarlo en la forma más simple y siguiendo de cerca al texto, a partir de un modo de expresión del dos en uno. La obsesión es caracterizada en términos idénticos, pero a partir de lo que se opone a ese compromiso histérico, a saber el *Zwang*, la coacción sin compromiso, que extrae su naturaleza de forzamiento precisamente del despliegue temporal de los contrarios. Este eslabonamiento de los contrarios proporciona en cierto modo la esencia del *Zwang* en Freud, en tanto que opuesto a la condensación efectuada por el compromiso histérico. Esta formalización implícita ¿no es la que Lacan enseña cuando estructura la experiencia analítica con un par de significantes que él escribe S_1, S_2, un par que sustrae al tercero que sin embargo entraña, el intervalo que los separa, a saber, donde yace la clave señalada por Freud de lo que él llama nexo lógico? ¿No es así como se puede representar la oposición correlativa de los dos modos de represión que Freud, en otro lugar de la observación, asigna a estas dos neurosis? En lo que plantea como propio de la histeria, a saber la represión por amnesia, que recae sobre uno de los dos términos, dejando al otro la carga de representarlo también, se reconoce, a la letra, el esquema de la alienación que Lacan presentó en forma lógica por la caída en las profundidades del significante 1. En la obsesión, dice Freud, el mecanismo es diferente y en el fondo más simple: el sujeto "despoja al trauma de su carga afectiva, de suerte que sólo queda en el recuerdo consciente un contenido representativo indiferente y en apariencia nimio". Para nosotros, esto se traduce del siguiente modo: en la obsesión, al precio del sinsentido, S_1 y S_2 permanecen en presencia, explícitos. Y la fenomenología de la obsesión abunda en manifestaciones de esa coexistencia, en la coacción que se impone al sujeto, con un afecto de absurdidad, en la compensación tanto como en el conjuro. La diferencia que Freud establece constituye para nosotros una invitación a situar la histeria y la obsesión como dos modos de la división, en cierta forma interna, del sujeto, la de dos en uno en la histeria y, en lo que atañe a la obsesión, la que deriva de ella en cuanto escisión. La histeria, en este aspecto, presenta el modo más puro de la división del sujeto, aquel que simbolizamos por una $\cancel{S}$. Se trata de un sujeto que asume su división. Por el contrario, el sujeto de la obsesión la tapa, intenta aislarla, la suelda, conectando, sacrificando toda verosimilitud, S_1 y S_2. Y esto se comprueba, en la fenomenología del pensamiento sometido al *Zwang*, por el predominio de las fórmulas. Aunque no sean todas tan destacadas, extravagantes y apremiantes como la que Freud presenta en "El hombre de las ratas", para nosotros esto sigue siendo legible en el texto de la experiencia.

En este aspecto, definamos el *Zwang* de la obsesión como una tentativa de efectuar una sutura definitiva del sujeto. ¿Y por qué no definir esta misma sutura como el modo obsesivo de la represión, que debe ser distinguida, ciertamente, de la forclusión? Aquello que del sujeto retorna en la obsesión, retorna en la cadena significante bajo el modo de la conversación consigo mismo. La sutura no se realiza en la obsesión sino a este precio: 1) a causa de esta sutura, el sujeto se ve conducido a conversar consigo mismo, no con otro. De este modo, la cadena significante se le impone regularmente en su dimensión de voz; 2) de una voz tanto más paradójica y que crea mayor confusión en la medida en que su atribución sigue siendo estrictamente subjetiva, es decir que, como regla general, no irrumpe en lo real; 3) pero ella desconcierta al sujeto por la introducción en el significante de partículas que desmienten su intención significativa, cuyo topos ejemplar tenemos en el hombre de las ratas en esta forma de conjuro, de plegaria: "Que Dios la proteja", donde se evoca irresistiblemente un *ne,* una negación que es la inscripción del sujeto retornando como sujeto de un *Wunsch* explícito; 4) la coacción también se vuelca en la duda y Freud es el primero en conjugar, en esta observación, *Zwang und Zweifel.* El forzamiento que introduce el pasaje al acto culmina en una dubitación inexorable.

Nos veríamos conducidos, pues, a situar la obsesión como la repulsa de la alienación. Y diré que es en la clínica de la obsesión donde se pueden descubrir asimismo, de la manera más pura, las motivaciones clínicas de lo que Lacan construyó como lógica de la alienación. Esto muestra por qué razón definió Lacan esa alienación por lo que él llamó la elección forzada, que es precisamente la conexión del *Zwang* con lo que él hace salir del *Zweifel.* Esta lógica ilustra a las claras que, a despecho de la obsesión, no se puede tener las dos cosas a la vez. Una sola o ninguna. El sujeto de la obsesión, por lo tanto, cae bajo la acción de una alienación reforzada: la del "yo no pienso". En la línea de Lacan, tenemos por tanto con qué despertar la clínica de la obsesión.

Esta sutura de la obsesión es sin duda rechazo del sujeto del inconsciente, que se las arregla con la introducción de las partículas que he mencionado. Al respecto, en relación a la elección forzada, sin duda el carácter obsesivo consiste en no dejar que se pierda nada. Hace mucho tiempo que los psicoanalistas notaron su afinidad con la retención y comentaron en la vertiente del erotismo anal el espíritu de economía y hasta de avaricia. Sin embargo, la elección forzada no se impone menos al sujeto de la obsesión que intenta desmentirla. Este sujeto cae entonces bajo el efecto de una virulencia reforzada de la exigencia de la pérdida. Esta es la paradoja, incluso fenomenológica: no quiere perder nada, pero busca sacrificarse. Freud lo observa, en particular en el *Diario* del análisis del hombre de las ratas. El sujeto se daba a sí mismo esas órdenes interdictivas bajo esta forma habitual: "¿Qué sacrificio estoy dispuesto a hacer para que...?" Esta sutura subjetiva demuestra aquí cómo implica el sacrificio de goce. Hay en ella una especie de correlación paradójica donde se conjugan la supuesta avaricia y el ascetismo: por un lado, no perder nada del significante, pero por otro, sacrificar su goce. Ahora bien, sacrificar el goce al significante se ilustra con el "yo no pienso", rechazo del inconsciente que se traduce de buena gana por un "yo cuento". Y supongo que la concurrencia conoce la suerte que Lacan deparó al significante rata –muy cerca, al ras del texto de Freud–, señalando que está precisamente encargado de dar fe del sacrificio del goce al significante. Del sujeto de la obsesión es particularmente cierto decir que gira [desplazamiento] continuamente el haber de goce a la contabilidad.

Por eso modificaré la versión de la alienación para la obsesión –esa alienación que Lacan ilustró con lo que encontró en el uso corriente, "La bolsa o la vida", "La libertad o la muerte"– diciendo que se caracteriza por esa elección a decir verdad imposible, pero que el sujeto de la obsesión se consagra a encarnar: "La bolsa *y* la muerte", no perder nada (hay que llegar hasta ahí), así sea al precio de la vida. Lo cual abre un espacio de ultratumba en que el sujeto administra su haber como ya muerto, es decir que sacrifica al significante tanto la vida como la libertad. En esto se percibe la conexión original entre el *Zwang* y la muerte. Y éste es también –notémoslo, aunque aquí hayamos permanecido en la vertiente subjetiva– el estatuto que el sujeto de la obsesión impone al Otro, del que duda gustoso y a justo título, si el Otro no existe. Pero justamente el primer aporte de Lacan a la cuestión de la obsesión es haber subrayado que la función del Otro se aviene, en la neurosis obsesiva, a ser cumplida por un muerto, y por la razón siguiente: el muerto no goza, el goce es una "propiedad" del ser vivo, al que ella califica. El muerto no goza, lo cual no le impide subsistir en las memorias reducido al estado de significante, donde vive entre dos muertes. Esto es además lo que el sujeto se esfuerza por cargar sobre sí mismo; no es que sea susceptible, que tenga mal carácter, sino exactamente, está mortificado. Por lo tanto, el odio se dirige aquí a todo ser de goce que escaparía al significante, por lo cual surge para él, a su despecho, la injuria lanzada contra lo más preciado que tiene, mediante la cual se esfuerza en cercar al objeto indecible. El insulto es un modo que Lacan señala por tocar a lo real.

Aquí es donde mejor se sitúa la exigencia subjetiva que el obsesivo pone de manifiesto en la clínica: que el lugar del Otro sea un desierto de goce. Se consagra especialmente a realizarlo. Freud lo dice a su manera cuando habla del retiro del afecto. Y, mediante una notación fulgurante que pueden encontrar en la página 255 de la edición francesa de los *Cinq psychanalyses*, en "El hombre de las ratas", indica que la consecuencia del retiro del afecto es la disyunción de las relaciones de causalidad. Aquí podemos, mediante nuestras fórmulas, decir un poco más, a saber, que se trata del vaciado del objeto *a* fuera del lugar del Otro. De este modo traducimos que lo que falta, lo que no se presenta, lógicamente, al sujeto de la obsesión, debido a la soldadura significante a través de la cual se cumple su sutura, necesariamente, es la función de la causa. Por eso decimos que el objeto *a* es la causa del deseo. Y con ello se nos hace posible aclarar el estatuto de la superstición –lo que desde Freud se llama superstición– o de la omnipotencia del pensamiento en la obsesión. Esto no falta nunca, está siempre presente, incluso como una suerte de inclinación: el sujeto no puede evitar pensar que una coincidencia no lo es. Pues bien, no hay aquí una suerte de rasgo casual sino una suerte de rasgo de construcción: lo que llamamos superstición u omnipotencia del pensamiento es el esfuerzo hecho para taponar con significante esa hiancia de la causa constatada en el nivel significante. Aquí bastaría con recordar el corte que produjo en la historia del pensamiento el cuestionamiento de la causalidad, ni más ni menos que por Hume. Hume demostró, ante la sorpresa general, la causa irreductible en el nivel del significante, lo que pone en marcha un proceso de verificación infinito: "Tal vez en lo que sigue, quedará por fin falseado". Reconocen ustedes aquí la epistemología que Sir Karl Popper dedujo de ello, dado el caso, contra el psicoanálisis. Por nuestra parte, nos inclinaríamos a considerar que se deja engañar por su fantasma.

De este modo, el sujeto de la obsesión tiene que asegurarse de que todo el goce ha pasado al nivel del significante. Esto implica que el goce de que se trata esté muerto. Lo ilustra una escena, cuyas versiones son constantes cuando la obsesión predomina, esa escena inolvidable y hierática, contemporánea de la aparición de su patología, que se evoca en el caso del Hombre de las ratas: "Se complacía entonces en imaginar que su padre estaba todavía vivo y podía volver de un momento a otro. Se ingenió entonces para trabajar de noche. Entre la medianoche y la una, interrumpía su tarea, abría la puerta de entrada como si su padre estuviera ante ella, volvía y contemplaba su pene en el espejo de la entrada". Y un pequeño pasaje complementario que figura en el *Diario* del análisis −que Lacan, en la época en que habló del texto, no conocía−, señala que ese sexo empezaba a ponerse erecto. Por lo demás, en otro pasaje muy llamativo de este texto Freud evoca lo que en la edición francesa se tradujo por *"lacune dans le cognoscible"* [laguna en lo cognoscible], *die Lücke des Wissbaren*. Con leer pura y simplemente esta escena advertimos que no es otra cosa sino la presentación al padre muerto del significante del goce. Yo digo que esta escena es hierática y que hace las veces de una hierogamia; aunque ella sea una, en efecto, para el sujeto: el sujeto está casado con su órgano. Esto no es más que la puesta en acto, la puesta en escena de la metáfora paterna, de un modo ciertamente delirante, pero no psicótico. Esta escena es, si se quiere, el estadio del espejo del falo, y la llamada del Nombre-del-Padre está estrictamente presentificada en ella puesto que el sujeto oye que llaman a la puerta −la precisión figura en el *Diario de un análisis*−, abre −a un padre que no está ahí pero cuyo significante sí lo está desde el momento en que la puerta se ha abierto−, y exhibe la significación del falo. En esta época ese falo está sustraído al uso −es un tiempo en que el sujeto se abstiene de masturbarse− tanto como al intercambio. Aquí se encuentra situada exactamente la frontera entre la psicosis y la obsesión.

Esa exhibición, esa ostentación de la insignia de la virilidad ante el Otro como muerto, reaparece en todos los casos que merecen la calificación de neurosis obsesiva y pone en escena la conjunción de la bolsa y la muerte. También es lo que indica que si el sujeto de la obsesión puede ser amigo de la muerte, tiene dificultades con el amor, no tiene problemas de oblatividad, sino que dar lo que no tiene le resulta problemático.

Así pues, diré que la clave de lo que da su sostén a la obsesión es la confusión del ideal con el Otro. Este es también el secreto de lo que precipita al Hombre de las ratas en la gran zozobra que lo conduce a iniciar su análisis con Freud. ¿Qué cosa lo precipita a analizarse con Freud? Indudablemente, una coyuntura dramática que repite la estructura que había apresado a su padre: tiene que pagar, y en el nivel del significante se percibe un agujero. Pero ¿por qué interviene el dinero como tal? Aquí se debe considerar como esencial *quién* le anuncia esa deuda, supuestamente simbólica, diciéndole que tiene que devolver el importe, es decir, aquel que se hizo famoso en la clínica bajo el nombre de "capitán cruel". Este hombre no es otra cosa que lo que, en esta historia, da fe de la disyunción del ideal y del Otro, de I y de A. Y esta disyunción se advierte no bien el sujeto imagina a su padre muerto víctima de sevicias. En este sentido, el capitán merece ser considerado como el factor que desencadena la gran zozobra obsesiva.

Esto es válido para la entrada en análisis del sujeto de la obsesión, cuando ésta se efectúa de esa manera dramática. Tal entrada se debe al encuentro de un Otro que no es el padre muerto, sino que está vivo, es decir, del Otro que goza. Este goce del Otro es lo que se refleja en el propio rostro del paciente, donde Freud acaba leyéndolo. El Otro goza y no le bastará con hacer ostensible el falo embalsamado: el Otro tiene el goce malvado. Por supuesto, el sujeto de la obsesión quiere sacrificarse, ésta es la base de su posición, pero a condición de que el Otro no goce de ello. Su castración como tal no lo perturba tanto, pero de él es especialmente cierto que no quiere sacrificarla al goce del Otro, es decir, hacerla servir a un Otro que no estaría muerto.Lo veo anunciarse ya en el presentimiento que asaltó un día al hombre de las ratas cuando visitaba la tumba de su padre: vio pasar, creyó, una rata. La ilusión se repite después del relato del capitán: el suelo se levantaba ante él como si debajo hubiera una rata. Esta rata no es la de la cuenta, sino la de un goce insituable en el lugar del significante. En el fondo, eso se mueve en el Otro.

Así pues, la entrada en análisis del sujeto de la obsesión se cumple de buena gana por una zozobra de transferencia que determina su llegada ante un otro susceptible de encarnar al sujeto-supuesto-saber. Pero para que este paso sea concebible, es preciso que el otro haya pasado a ser el Otro. El Otro de la obsesión se presenta como el Uno, el Uno que cuenta. Para que este Otro de la obsesión pase a ser el Otro como tal, es menester que sea puesto en conexión con lo que nosotros llamamos el objeto *a* como distinto del significante. Y el factor desencadenante es el encuentro del goce del Otro, necesario para desembridar la sutura del sujeto-supuesto-saber, siendo la obsesión en sí misma el bloqueo de la significación del sujeto-supuesto-saber. Precisamente porque en esta zozobra se cumple el reencuentro del goce con el lugar del Otro, podemos ser sensibles al rasgo casi paranoico de esos momentos que consiste en identificar el goce con el lugar del Otro.

Ahora convendría introducir casos que no fuesen el de Freud y en los que se pudiera mostrar esas zozobras motivadas, ya sea por una mujer que goza, ya sea por el goce del amo. Me parece que este punto de partida debería permitirnos, en el futuro, abordar la cuestión del mecanismo y del momento histéricos.

(Texto establecido por Elisabeth Doisneau)

A PROPOSITO DE LOS AFECTOS EN LA EXPERIENCIA ANALITICA

Ocurre que estoy, en el instante mismo de hablarles de los afectos en la enseñanza de Lacan, de mal humor. El mal humor es un afecto distinguido por Lacan en su opúsculo *Televisión*, como "un verdadero toque de lo real". Podríamos definir este toque como el afecto que responde a un "las cosas nunca son como uno quiere", y en este sentido el mal humor es quizás el afecto más justificado que existe. Por otra parte, el mismo texto de *Televisión* se inicia con estas palabras: "La verdad toca a lo real", dada la imposibilidad de ser dicha toda entera. Aquí no se trata sólo de consideraciones teóricas. La categoría del "toca a lo real" está siempre ligada, en efecto, al atolladero y al fracaso, y ello por una razón de estructura: el lenguaje no alcanza a dar su lugar a lo real; esto constituye incluso a lo real como tal. Ahora bien, ese "toca a lo real" sostiene, anima la cuestión del afecto que intentaré introducir para ustedes. El afecto no es simplemente el hecho de ciertas palpitaciones, de cierta aceleración de los latidos cardíacos por efecto de la sorpresa, buena o mala. El afecto es mal humor, alegría, tristeza, flema, risa, entusiasmo, beatitud, para no citar sino algunas de sus contingencias.

Antes de que el mal humor viniese a interferir en lo que quería decirles, dos afectos se disputaban mi ánimo: la alegría de estar aquí con ustedes, en Gante, donde siempre he sido honrado, distinguido; y la tristeza, por un motivo privado. Donde el segundo prevalece ampliamente. Si pienso en ello, la mejor salida que podría desear para ese afecto es lo que Kant llama la flema, e incluso la "flema bienaventurada". Encontrarán esta expresión en su *Antropología*, en el capítulo de las pasiones: "La flema bienaventurada, dice, esa cualidad que permite al hombre valeroso no perder, por efecto de las emociones, la calma de su reflexión". Para eso hace falta evidentemente cierto aguante, y el valor, en este aspecto, no es para Kant una simple pasión sino exactamente una virtud; es decir, una pasión regida por principios. Lo que introduzco en este recodo de mi exposición cobrará sentido más adelante, cuando veamos a Lacan mezclar la virtud, e incluso el pecado, con los afectos.

Al hacerlo, Lacan sigue la recta línea de la reflexión filosófica clásica, y justamente porque estamos modelados por la psicología y agobiados por ella –que quienes deban formarse en esa disciplina me disculpen–, nos es preciso volver a entender que la cuestión de los afectos está ligada a qué es recto y qué está mal, a qué es virtud y qué es pecado.

Para no hacerles soportar lo que me tocó y que yo aguanto, no quise anular esta conferencia, pero debo decirles que no tengo en este momento lo que conviene para dar una conferencia y, especialmente, una conferencia sobre los afectos: precisamente, para ello hace falta entusiasmo, quizás hasta haría falta furor.

El entusiasmo es también un afecto distinguido por Lacan. No siempre en el buen lugar, ya que cuando se relee su propio discurso de Roma, que marca el comienzo de su enseñanza, Lacan se reprocha el entusiasmo que se puede observar en ese escrito: "Una nada de entusiasmo, dice, es la huella más segura a dejar para que haga fecha, en el sentido deplorable." Pero lo dice en lo que concierne al escrito, y yo tengo la certeza de que no calumniaba al entusiasmo cuando se trata de lo oral. El estado en que me encuentro me hizo advertir inclusive hasta qué punto es importante poder suscitar la risa –que es un afecto también–, la risa del auditorio, no la risa sarcástica sino la risa benévola de la que Kant escribe, siempre en su *Antropología*, que "refuerza el sentimiento de la energía vital".

Si les hablo de entrada del entusiasmo es porque, para Lacan, el entusiasmo es el afecto adecuado para un buen acceso al saber –al menos en psicoanálisis–, hasta el punto de que lo considera el toque del psicoanalista indiscutible. Además, podía hacerlo tanto mejor cuanto que él mismo daba continuamente, en lo referente al saber, el ejemplo de un entusiasmo que contrastaba con la somnolencia de que daban prueba muchos de sus colegas. Saber cuál es el afecto propio del saber es además una cuestión clásica en filosofía, y una respuesta si no clásica al menos aceptada, consiste en decir que el afecto propio de quien detenta el saber es la beatitud. Pero aquí tenemos que oponer seriamente el entusiasmo en el sentido de Lacan, a la beatitud.

La beatitud es para nosotros un término de referencia si se admite que este estado de ánimo supone que al sujeto no le falta nada y, más aun, que está de acuerdo con su goce. La beatitud es, al respecto, más que la felicidad, puesto que la felicidad depende de lo que sucede, de la fortuna y los encuentros, mientras que la beatitud es esencialmente, por definición, duradera. Confesemos que esta beatitud es poco plausible, pues supondría que el Otro los deja regiamente en paz, que no quiere nada de ustedes; supondría, pues, que ustedes no tienen nada que sacrificar al deseo del Otro. Si se remiten a la conclusión, al remate último del Seminario de Lacan *Los cuatro conceptos fundamentales del psicoanálisis*, verán allí esta consideración –la palabra beatitud no figura pero a ella se remite el párrafo– de que la beatitud supone que uno no necesita encontrar en el objeto de su deseo el testimonio de la presencia del deseo del Otro. Es entonces al Libro V de la *Etica* de Spinoza a lo que Lacan hace referencia explícitamente en lo que concierne a la invención de ese afecto inédito que es el *amor intellectualis Dei*, el amor intelectual de Dios. Lacan concede incluso a Spinoza el haber sido tal vez el único en formular de manera plausible la fe en un Otro que carecería de deseo, en un Otro, dice, "reducido a la universalidad del significante", un Otro que no estaría horadado, en lo más recóndito de su existencia, por la falta 'de goce.

Esta cuestión, que es la de la consistencia o la inconsistencia del Otro, y que espero poder desplegar suficientemente aquí, me parece coronar el asunto del afecto. Es una cuestión crucial, y lo es por la razón de que a Lacan, del afecto, se le hace corrientemente objeción. Se lo hizo en Francia abundantemente hace unos pocos años y se lo hace hoy, sin duda por algún tiempo, en los Estados Unidos, contra lo que allí puede ahora entreverse de la enseñanza de Lacan.

Me hallaba yo en Nueva York, el 15 de marzo, en una sala semejante a ésta, después de haberme aplicado –entonces con entusiasmo– a mi tarea de representar a Lacan ante los miembros de la IPA por vez primera –y sin duda última–, cuando después de un rato, desde el medio de la sala, Otto Kernberg tomó la palabra y dijo: "Si uno no se ocupa más que del lenguaje y no de los afectos, pierde *fifty per cent of analytical experience*"; Kernberg sabía medir esto en porcentajes. Así pues, hay que admitir que la objeción del afecto contra Lacan es crucial, pero también contra el psicoanálisis –y más bien ventajosa para Lacan–, en cuanto sería un proceso intelectual, allí donde las terapias se proponen tratar directamente lo afectivo. De hecho, la objeción se edifica sobre la oposición de lo intelectual y lo afectivo, que trasciende precisamente Spinoza cuando habla de "amor intelectual", inventando de ese modo un afecto que por sí mismo sería intelectual. Y la credibilidad de tal oposición procede de que se imagina que la palabra y el lenguaje pertenecerían al registro intelectual y que de ese modo, poniendo el acento sobre función y campo de la palabra y del lenguaje, Lacan descuidaría el afecto por el intelecto.

Sin embargo, esta oposición podría tener una verosimilitud clínica, pero las más de las veces los autores no van más allá de acentuar en la histeria el lado afectivo de la conducta; incluso está totalmente aceptado acentuar en la obsesión las facilidades intelectuales; muchas descripciones, en efecto, descansan en que histeria y obsesión se reparten el afecto y el intelecto ¡como si el afecto no estuviera presente de la forma más insistente en la obsesión!

Tenemos que examinar, pues, ese prejuicio según el cual el afecto y el intelecto serían exteriores el uno al otro y según el cual se le da preferencia al afecto, al afecto del que indiqué de entrada hasta qué punto la tristeza me hacía percibir el papel que desempeña el afecto positivo en la transmisión oral que practico corrientemente.

¿Por qué se da ese privilegio al afecto, sino porque se imagina que gracias a él habría un acceso directo y auténtico a la verdad? En efecto, a todo el mundo le parece normal introducir en el registro del afecto este término de verdad –que llegado el caso se reprocha a Lacan situarlo en el registro del significante, "efecto de intelectualización", se dice–, pues se cree que el afecto da testimonio de una relación inmediata con lo verdadero. En el afecto, el cuerpo atestiguaría a sus expensas el efecto de verdad: en la palpitación, la sudación, en la trepidación, el afecto hablaría de la verdad. Y se extiende al conjunto de los afectos la cualidad de lo que no engaña, fórmula que Lacan reserva precisamente a uno solo de ellos, la angustia, siendo que los afectos remiten esencialmente, desde el punto de vista de la experiencia analítica, a la rúbrica de lo que engaña. En oposición a este acceso directo, se considera que lo que se adquiere intelectualmente, lingüísticamente, se adquiere por el contrario mediatamente, y que es por lo tanto dudoso cuando la garantía de la verdad –para quienes frecuentan la enseñanza de Lacan: el Otro del Otro– sería el cuerpo en tanto que afectado.

Si la experiencia analítica no es ciertamente nocional, si no es puro conocimiento, si es en efecto una experiencia afectiva –tomando la transferencia del lado del afecto hasta se podría decir que tiene cierta semejanza con el *amor intellectualis Dei*– es menester no obstante precisar lo que entendemos por este término de afecto. Este término ya no resulta claro y cabe dudar, con las mejores razones del mundo, de que sea francés.* Aun afrancesado, todavía no forma parte de la lengua francesa y, hallándose la Academia especialmente mal dispuesta hacia el psicoanálisis –los académicos lo han hecho saber recientemente, considerando que cuando lleguen al final de su diccionario el psicoanálisis ya no existirá–, el afecto tiene muy pocas posibilidades de entrar por él en la lengua francesa. Este término es por lo tanto sospechoso y Lacan, que sin embargo lo maneja, lo hace con pinzas, salvo –volveremos sobre esto– si se lo reinscribe en una tradición que no es justamente psicológica. La cuestión que nos ocupa no es la de la antropología en general, en la que siempre culmina la consideración de los afectos, de sus nombres, de su enumeración y de su clasificación, sino saber que crédito corresponde dar al afecto en la experiencia analítica. Tenemos que preguntarnos si, en psicoanálisis, el afecto es *index sui*. ¿El afecto habla efectivamente de la verdad? La indicación que da Lacan es lo contrario: él se dedica, en efecto, a "verificar el afecto", expresión sorprendente ya que verificar pertenece en apariencia al lenguaje de la demostración, de una lógica, exterior a lo afectivo. Ahora bien, si el afecto habla de la verdad, parecería justamente que es la última cosa del mundo que se tenga que verificar. Este "verificar el afecto" presenta pues el valor de indicar que, en psicoanálisis, el afecto no es verdadero de entrada, que se trata de hacerlo verdadero.

Lacan dice también que "el afecto moviliza el cuerpo". Que movilice el cuerpo, observémoslo, no lo pone más allá del registro exactamente psicosomático en sentido propio. En este aspecto, el afecto correponde sólo a la articulación del alma y el cuerpo, de su solidaridad, de su complementaridad, de la variación simultánea del *Umwelt* y del *Innenwelt*, digamos del yo y del mundo. Y todo un registro de la teoría de las emociones no hace otra cosa que verificar la variación concomitante del yo y del mundo. Este mismo tema fue de-

---

* En efecto, el *Petit Robert* data en 1951 la primera aparición del término *affect* en la lengua francesa (procedente del alemán *Affekt*, a su vez derivado del latín *affectus*, y lo consigna como perteneciente al lenguaje de la psicología. [N. de T.]

sarrollado por Sartre en su *Esbozo de una teoría de las emociones*, anticonductista, que exalta esa reciprocidad bajo las especies del ser-en-el-mundo al afirmar que no hay otra emoción que la dotada de un sentido global, que ella no es divisible en unidades distintas que, puestas juntas, darían esa emoción, sino que es una significación donde están comprometidos al mismo tiempo el yo y el mundo. ¿Por que negar su pertinencia a esta fenomenología? Pero lo que nos interesa a partir de la experiencia analítica es –para retomar los términos usados por Lacan en su pequeña teoría de los afectos, que cabe en dos páginas– "lo que en el afecto prevalece del inconsciente". Así pues, Lacan no pretende elaborar una teoría global, no pretende negar lo que tanto la psicología como la fenomenología quieren enseñarnos de esas variaciones concomitantes.

Pero Lacan no empuja en absoluto el afecto hacia la emoción: sería en verdad posible, a nivel lingüístico, considerar que la emoción es el nódulo del afecto. Por el contrario, él vuelca todo su esfuerzo en distinguirlos, y empuja el afecto hacia la pasión, precisamente la pasión del alma. Es ésta una orientación enteramente decisiva.

La enseñanza de Lacan no encierra dogmas; por el contrario, en lo que respecta a opiniones y convicciones, las cambió, pero sí encierra orientaciones, y la orientación en la materia es saber si uno se deja guiar, en cuanto al afecto freudiano, por la emoción o por la pasión.

Precisemos. No vayan a creer que a nadie se le ocurre –ni siquiera a Lacan, que no retrocedía ante mucho– negar la expresividad natural del afecto. Admitamos incluso que para decir ciertas cosas uno prescinde del lenguaje: cuando sentimos pena no hacemos homilías, lloramos. Incluso podemos decirnos que el afecto trasciende a las lenguas, que es translingüístico. Por otra parte, Lacan enumera en los *Escritos* la serie de sus expresividades: el gesto, la mímica, el humor, el contacto afectivo. Al calificar de afecto lo que se expresa así prescindiendo del significante, uno puede decir que cuando hay desacuerdo entre el yo y el mundo, el afecto tiende especialmente al restablecimiento de la armonía inicial. Esto es lo que Lacan califica, con gracia, de *adaequatio rei affectus*, adecuación del afecto a la cosa, que sería así una respuesta adecuada a aquello que interpela al sujeto de las modificaciones que tienen lugar en su entorno.

Esta virtud armónica y hasta curativa del afecto es una tesis clásica. Encontramos también en Kant pasajes de esta índole, del estilo Bernardin de Saint-Pierre, donde muestra que el llanto, la respiración convulsiva acompañada de lágrimas, tienen un papel apaciguante que muestra hasta qué punto la naturaleza se ocupa de nuestra salud. Muchos afectos pueden ordenarse así bajo esta rúbrica, que supone empero la existencia de un Otro benévolo que nos ha puesto en condiciones de experimentar esos afectos, a fin de que nos sintamos mejor en el mundo y de que actuemos en conformidad con lo que este mundo exige de nosotros.

Pero en este punto la angustia se torna especialmente problemática, particularmente dudosa; y no por nada este afecto ha sido puesto de relieve en la época moderna por Heidegger al mismo tiempo que por Freud, pues no se percibe para que podría servir la angustia en esa armonía natural a menos que se establezca un principio de clasificación del afecto según que sea adecuado o inadecuado.

¿Por qué negar que el cuerpo habla? Con la salvedad de que esta palabra no se instala por ello y por sí misma sobre un lenguaje. Si se admite que sólo a partir del lenguaje hay palabra, es dudoso considerar esa expresividad natural y translingüística como una palabra en sentido estricto. Pues esos afectos translingüísticos que según se cree todo el mundo comprende, todo el mundo los comprende por una razón muy sencilla: suponen una coalescencia del significante y el significado. Incluso por eso se los puede calificar de signos y hasta de señales, que es el término que Freud emplea especialmente para la angustia. El término señal debe ser aquí seriamente distinguido del de significante, puesto que la señal del afecto, esa señal que se comprende, no obtiene este estatuto sino de la coalescencia del significante y el significado, mientras que no es posible hablar de lenguaje en sentido propio sino ahí donde el significante y el significado son distintos, donde constituyen dos órdenes; y dos órdenes, al menos para Lacan, que no son paralelos sino que de ellos prevalece uno, el del significante, que induce el significado. Por eso es insuficiente decir que el afecto sería la voz del cuerpo.

En cualquier caso, desde el punto de vista de la experiencia analítica donde se trata de un sujeto que habla y que habla en el campo del lenguaje –lo cual no le impide ciertamente emocionarse tanto y más, ¡es incluso extraordinario lo que puede emocionarse nada más que con palabras!–, nos vemos llevados a poner el acento en la implicación del significante en el afecto. Sin embargo, fuera de la experiencia analítica, uno puede ocuparse de aquello que, del afecto, está mas bien del lado del animal en el hombre. Y aquí cobra todo su valor el "verificar el afecto" de Lacan, que quiere decir: en el campo del lenguaje, establecer en que cosa el afecto es efecto de verdad.

Si esta noche hubiese estado más animado les habría mostrado cuán fácil es significantizar los afectos. Es divertido comprobar hasta que punto la expresividad natural en el hombre es un terreno completamente equívoco y dudoso, demostrar que el afecto más irreprimible y de apariencia más común supone un elemento teatral, por encarnar, incluso a nivel de la especie, una mostración indubitable. El efecto más auténtico, el más vivo, el más inmediato en apariencia es pariente sin embargo del semblante. Ahora bien, esto no impide en absoluto que el afecto sea un efecto de verdad, toda vez que –Lacan lo recuerda– la verdad tiene estructura de ficción. Ahí está la literatura, además, para demostrarlo. Me atrae particularmente este ejemplo, que sorprendió a los contemporáneos: en la segunda mitad del siglo XVIII, cuando alguien quería poner de manifiesto sus emociones, sacaba el pañuelo mucho más que antes. He aquí una señal nueva, y la señal de una modificación de la sensibilidad, bastante extendida en Europa, que hizo que lo que pasaba antes por indigno, en todo caso por indigno de un hombre de verdad, se convirtiera por el contrario en el testimonio mismo de su humanidad. Al respecto, desde luego, sólo tenemos testimonios indirectos, sólo lo sabemos por lo que se escribió de ellos, pero no cabe ninguna duda de que hemos visto difundirse –y por qué no poner aquí en juego el contagio histérico que, al tiempo que participa del semblante, es perfectamente auténtico– un afecto nuevo, el llanto de enternecimiento y de humanidad.

En relación con la expresividad natural de los afectos podríamos señalar igualmente de qué modo lo gestual está perfectamente codificado. Tenemos ahí otras tantas señales que parecen ser susceptibles de cierta sistemática, de tal forma que aislamos zonas en el mundo en que gestos que para nosotros surgen como naturales demuestran ser culturales. ¿Nunca han estado ustedes en lugares donde, para decir sí, se hace el signo de la cabeza que nosotros empleamos para decir no? ¿No se tocan ahí los límites de la expresividad que creemos natural? En cuanto al ritual del afecto, está estrictamente codificado: la muerte, en determinada cultura puede ser recibida con dolor, pero advertimos por ejemplo que cuanto más se desciende hacia el Sur más se exacerba la puesta en escena de este dolor, también perfectamente auténtico, mientras que en otros sitios la codificación es diferente.

Los ejemplos de esta "histeria codificada" forman legión. Por lo demás, Freud tenía la teoría de que todos nuestros afectos son histerias codificadas. Lo dice por ejemplo en *Inhibición, síntoma y angustia*: "Los estados afectivos fueron introducidos en la vida psíquica con el carácter de precipitados de antiquísimas experiencias traumáticas, que son revivificadas en situaciones similares como símbolos mnemónicos". Lo que Lacan traduce acertadamente en los *Escritos* al decir que, para Freud, los afectos son "señales equivalentes a accesos histéricos fijados en la especie". En la obra de Freud no faltan referencias sobre este punto, referencias que hacen de todo afecto que vivimos hoy en su supuesta inmediatez un recuerdo coagulado en la especie. Y convendrán conmigo en que hacer del afecto la huella histórica de un acceso histérico anula radicalmente su carácter inmediato. Por ejemplo, en la *Metapsicología*, el núcleo del afecto es una repetición –aquí ya queda cuestionada la inmediatez del afecto–,"una repetición de cierta experiencia significativa particular", y Freud añade: "El acceso histérico puede ser vinculado con un afecto individual recién construido, y un afecto normal puede ser comparado con la expresión de una histeria general que se ha convertido en herencia".

Partiendo del empleo por Freud del término símbolo a propósito del afecto –¡ y cuántos testimonios existen en su obra de la significantización del afecto, al menos de su carácter de señalización y simbolización!– podemos sentir la tentación de reducir el afecto al significante y demostrar, así como se demuestra la arbitrariedad del signo, la arbitrariedad del afecto. La ideología estructuralista, por ejemplo, se dedicó a esa tarea, reencontrando además con ello la vena de la filosofía de las Luces; esto es lo que me gustaba tanto en Roland Barthes. Me parece sin embargo que algo impide la pura y simple reducción del afecto al significante: el hecho de que el afecto es comprensible, y por cualquier punta que se lo tome, no se puede borrar su carácter de efecto de significado. Así, Sartre tiene razón cuando afirma, en su *Esbozo de una teoría de las emociones*, que en el lado emoción del afecto se manifiesta una conducta global, una significación que se extiende al ser-en-el-mundo.

El problema que se plantea entonces en el campo analítico es que si se reduce el afecto al significante –en su coalescencia con el significado, ya que al afecto se lo comprende–, la resultante es entender que el psicoanálisis demuestra que los que están reprimidos son los afectos. Y hasta se llega a declarar que el psicoanálisis progresa levantando estas represiones. ¿Que quiere decir "levantar las represiones"? Quiere decir revelar el amor ignorado al sujeto, llegado el caso revelar el amor en el odio o lo contrario, revelar un miedo, revelar un sentimiento de culpabilidad. De este modo, muchos autores de la literatura analítica nombran las represiones por los afectos. La referencia que indica Lacan del artículo de Jones de 1929 intitulado "Fear, Guilt and Hate" ("El miedo, la culpabilidad y el odio") es al respecto absolutamente impresionante. En cierto modo, Jones trata estos tres términos como significantes, puesto que establece un extraordinario juego de sustitución entre ellos donde las palabras se sustituyen unas a otras en la experiencia; de este modo puede aparecer en el primer nivel una culpabilidad pero que descubre, en el nivel inferior, un miedo, y vemos efectuarse una ronda, como dice Lacan. Pero al tiempo que giran como significantes son no obstante significados, perfectamente comprensibles. Todo un registro de la literatura analítica se construye sobre esa enormidad que son los afectos reprimidos que se trata de sacar a la luz en la experiencia analítica y de interpretar al sujeto.

En cuanto a este punto Lacan no podría estar más cerca de Freud, lo cual no siempre sucede, a despecho del "retorno a Freud", pues si lo está indiscutiblemente por el hecho de haberlo leído como nadie lo había hecho antes que él, con un cuidado preciso, con una extrema atención por el detalle, al mismo tiempo es indudable que su retorno a Freud consiste en seleccionar en su obra cierto número de elementos a partir de los cuales retraduce a Freud, lo reinterpreta, a veces forzándolo un poco. Ahora bien, es singular que sobre esta cuestión concreta, verdaderamente, Lacan repite a Freud. Y esto sorprende tanto y más cuanto que no simplemente una porción sino casi toda la literatura analítica –aparte de la que precede a Lacan– desmiente a Freud, a su pesar, en lo que se refiere al afecto.

Vayan a la *Metapsicología* y lean el artículo intitulado "Lo inconsciente", vayan a lo más simple, al capítulo III de "Lo inconsciente", "Las emociones inconscientes" y verán que Freud repite en los más diversos tonos: "No las hay". Que la mayoría de los analistas que se autocalificaban de freudianos se negaron a tomar en cuenta el concepto de pulsión de muerte, eso lo sabemos, pues nos han dicho: "No podemos trabajar con la pulsión de muerte"; pero es increíble que tampoco hayan tomado en serio lo que Freud formula de una manera enteramente llana y repetitiva y en cierto modo obvia: que el afecto nunca es inconsciente, que es siempre un significado al sujeto, y que hablar de sentimiento inconsciente es un abuso de lenguaje, pues los términos de semejante expresión son contradictorios.

Freud, en efecto, trata ante todo al inconsciente como un adjetivo, y se pregunta si la oposición consciente / inconsciente vale para las pulsiones, los sentimientos, las emociones, y los afectos. En lo que atañe a las pulsiones dice que nunca son conscientes que sólo el representante de la pulsión es consciente o inconsciente. En este aspecto distingue el representante, *Repräsentanz*, que es en efecto un elemento aislable donde Lacan reconoció al significante en su estructura diacrítica, de una parte de la pulsión distinta de ese representante. Vayan a los textos: verán que Freud opera, de manera absolutamente patente, una división entre la idea representante, el significante de la pulsión, y lo que él llama el factor cuantitativo. El representante está reprimido, mientras que el factor cuantitativo, por esta razón, precisamente, se va a la deriva. El nódulo de su demostración consiste en establecer que para las emociones, los sentimientos y el afecto, que el sujeto los advierta hace a su propia esencia, que por lo tanto es completamente imposible plantearlos como inconscientes; pero que lo que en cambio está reprimido es el elemento representante que en la pulsión está pegado a ellos. Ningún texto de Freud muestra mejor esa oposición entre el significante y el factor cuantitativo, que sufre avatares, vicisitudes propias, es decir que se desplaza, se mueve, que está, para usar un término que Lacan utiliza en su Seminario "La angustia", "desarrumado". Y este factor cuantitativo es el afecto en sentido propio. Por eso Freud no puede tolerar el término de afecto inconsciente más que en la medida en que se entienda que el afecto se encuentra ligado a otro significante que no es el significante inicial; en ese momento está ligado conscientemente a ese significante derivado. Pero si Freud lo reconoce es sólo para afirmar nuevamente que el afecto como tal no es nunca inconsciente. Sólo es inconsciente, sólo está reprimida lo que él llama "la idea", o sea el significante ligado a ese afecto. De este modo, en toda una parte de su obra Freud reduce los afectos y las emociones a un proceso de descarga, cuyas últimas manifestaciones son lo que llamamos los sentimientos.

En el capítulo de la *Metapsicología* llamado "La represión" esta separación de la pulsión se expone de la forma más clara: "La observación clínica nos obliga a dividir lo que hasta aquí hemos considerado como una entidad única. Ella nos muestra que, además de la idea, debe ser tomado en cuenta otro elemento representativo de la pulsión, y que éste sufre las vicisitudes de la represión, que pueden ser totalmente distintas de las que sufre la idea". Hay pues un elemento que cae bajo la represión y por esta razón misma, otro elemento, la "cuota de afecto", no sufre la represión. Entonces, cuando hay represión, podemos seguir por separado lo que procede de la idea y lo que procede de la energía pulsional que le está ligada.

Por eso Lacan no podría estar más cerca de Freud cuando formula que los afectos engañan –engañan especialmente si tomamos en serio el postulado del inconsciente– y que si de la angustia podemos decir que no engaña, esto se debe a una situación totalmente singular. Así pues, Freud y Lacan formulan que el afecto está desplazado, desarrumado, que marcha a la deriva: "El afecto [escribe Lacan] puede estar loco, invertido, metabolizado pero no reprimido. Lo que está reprimido son los significantes que lo amarran". Aquí tenemos, pues, un hallazgo o, para ser mas exactos, algo, que lo sería si el propio Freud no hubiera pensado contra Freud. Pues si fue posible engañarse tanto sobre la orientación freudiana fundamental –lo que presta todo su valor al hecho de que Lacan, para hablar del afecto, se remita especialmente a la *Metapsicología*– es porque Freud –cosa bastante rara en su obra– después vuelve sobre esta posición de modo explícito: "No me es grato recordar, escribe, que afirmé con frecuencia que en la represión, el representante pulsional está desplazado [...] mientras que la líbido se transforma en angustia." En efecto, el punto central de *Inhibición, síntoma y angustia* será la definición de la angustia no ya como descarga de ese excedente de energía flotante, sino como ligada a una situación traumática, a una situación de derrota del yo frente a una acumulación de excitación.

Pueden imaginar sin esfuerzo las querellas que suscitó este cambio en el medio psicoanalítico, para saber si el afecto estaba más bien del lado de la tensión o del lado de la descarga: ¡en efecto, existen textos de Freud que apoyan cada una de estas posiciones!

Por ejemplo, una tal Brierley publicó, en el *IJP* de 1937, un artículo intitulado "Affects in theory and practice" donde, intentando construir un modelo del arco instintivo, se pregunta si el afecto está del lado aferente o del lado eferente. Acaba con toda evidencia, por colocarlo en el medio..., con esa precisión típicamente analítica que tiene esta gente en la materia, sin dejar de expresar su preferencia por el afecto como fenómeno de tensión.

Por su lado Rapaport, en 1950, en su libro *Emotions and Memory*, considera de una manera asombrosamente ingenua que "si el organismo responde adecuada e inmediatamente a un estimulo con una conducta instintiva, si hace lo que es preciso, no se engendra ninguna emoción; si se retiene la reacción instintiva, surge la expresión emocional y también los afectos", considerando pues la retención de la energía psíquica como lo que produce el afecto. Entonces no se entiende porque habría afectos ligados a la inhibición, y se hace problemático decir que existen afectos desagradables. Hay que decir que el propio Freud dio, en "El problema económico del masoquismo", indicaciones sobre la imposibilidad de enlazar término con término placer y displacer y las variaciones de la tensión.

Sin ahondar más en esa literatura digamos que con ella quedan demostrados abiertamente los profundos atolladeros en que culminan las tentativas de psicofisiología freudianas. Si uno quiere leer las indicaciones de Freud como si la descarga y la tensión correspondieran a una psicofisiología, no hay forma alguna de ubicarse. Todos estos trabajos lo demuestran, incluso ese artículo de Edith Jacobson sobre la teoría de los afectos, de comienzos de la década del cincuenta, donde, paradójicamente, se demuestra con la mayor claridad que el afecto no corresponde a una psicofisiología.

Pero Lacan no opone la teoría de los afectos en la *Metapsicología* a la que Freud expone en *Inhibición, síntoma y angustia*. Encuentra por el contrario una formulación significante que las vuelve perfectamente compatibles: la causa de la angustia puesta en primer plano por *Inhibición, síntoma y angustia* es siempre la pérdida –del nacimiento, de un objeto de amor, especialmente de la madre, la pérdida del pene o del amor del superyó, etc.– y lo esencial del simbolismo de los matemas de Lacan radica justamente en que escriben al mismo tiempo ese famoso excedente de libido inutilizado, esa cuota de afecto ambulante, ese elemento errante que viene de la teoría de la *Metapsicología*, y la castración, esa pérdida a la que la angustia está ligada. La escritura por Lacan de $\frac{a}{-\varphi}$ hace la síntesis, o mejor dicho da la clave de esa oposición de la cuota de afecto ambulante, del excedente de energía libidinal, a, y de la función de la castración, $(-\varphi)$.

Puede que entiendan ahora por qué Lacan, tratándose de la teoría de los afectos en Freud, no recurre, para la sorpresa general, a la psicofisiología. Demuestra que a partir de un modelo psicofisiológico no se puede situar lo que el propio Freud articula acerca de los afectos. Y su tesis es clara: para comprender algo en la teoría de los afectos hay que pasar de la psicofisiología a la ética. Lo demuestra desde el inicio de su Seminario "La angustia" al comentar el cuadro donde inscribe en diagonal y en tres registros diferenciados inhibición, síntoma y angustia. De entrada se aparta de los problemas psicofisiológicos de descarga o de cambios corporales que serían abordados como sentimientos. De entrada distingue la angustia de la emoción, lo que proporciona todo su valor a lo que dice de ella, a saber, que la angus-

tia es un afecto, no una emoción. ¿Qué significa esto? Precisamente,
la teoría clásica de las emociones siempre había sido una teoría de
las relaciones del yo y el mundo, y el valor así dado a este término de
afecto le permite sostener que en psicoanálisis, este registro debe ser
tratado como perteneciente al sujeto y al significante: el afecto quiere decir que el sujeto está afectado en sus relaciones con el Otro.

Se trata pues, en el afecto, del significante y del Otro. Pero a estos
dos términos nos es menester agregarles un tercero: el goce. Ahora
bien, ni la biología ni la psicofisiología permiten situar el goce. El aparato adecuado para situarlo –y en la obra misma de Freud– es la ética. Lacan da el ejemplo de la cólera, citando una frase de Péguy: uno
monta en cólera "cuando las clavijas no entran en los agujeritos". La
cólera, en esta frase, no está definida por la emoción que ella imprime
en el cuerpo sino en un todo por la relación del sujeto con el Otro, en
cuanto este Otro, este Otro de la buena fe, no juega el juego. Así pues,
la cólera ha de ser tratada no como una emoción, sino como un afecto
en el sentido de Lacan, es decir, como capturada en la relación del
sujeto con el Otro. Por eso en su Seminario "La angustia" no hace una
teoría general de los afectos; como él dice: "No somos psicólogos", no
hacemos un discurso sobre la psique, sino sobre la relación del sujeto
con el significante. En este aspecto, partimos del hecho de que el
sujeto no tiene una relación directa con el mundo, sino que hay fundamentalmente mediación del deseo en el sentido del grafo del deseo
mismo. Es indudable que en el afecto se trata del cuerpo, pero más
exactamente de los efectos del lenguaje sobre el cuerpo: esos efectos
que no hace mucho enumeré, de recorte, de desvitalización, de
vaciamiento del goce, es decir, según el término de Lacan, de "otri-
ficación" del cuerpo. Y lo que Freud llama separación de la cuota de
afecto y de la idea pasa a ser para nosotros la articulación del significante y del objeto *a*.

La orientación lacaniana implica, pues, distinguir las emociones,
de registro animal, vital, en su aspecto de reacción a lo que tiene lugar
en el mundo, de los afectos en tanto que son del sujeto. Así Lacan eleva
el nivel de la cuestión, pasando del debate entre emociones– y afectos
al de afectos y pasiones. Podemos sin duda referirnos aquí a la
distinción establecida en la *Antropología* kantiana entre la emoción,
que tiene la memoria corta, y la pasión, duradera ella, que se da
tiempo y reflexiona para alcanzar su meta; lo cual nos significa de
paso una pequeña estocada contra los franceses, que viven tantas
más emociones cuanto menos pasión tienen, contrariamente a los

italianos y españoles. Pero esta distinción de la emoción en lo actual y de la pasión que se da tiempo no es aquí para nosotros lo esencial, sino que la pasión conserva la relación con el objeto; en este aspecto ella es , en lo imaginario, la relación con el objeto. Por eso Lacan pasa de la psicofisiología a la ética. En su pequeño opúsculo *Televisión*, delimita pura y simplemente los afectos como las pasiones del alma, lo cual es una provocación, por supuesto, pero destinada a apartar la teorización del afecto de la psicofisiología y de la psicología. De este modo toma como referencias a Platón, Aristóteles y Santo Tomás cuando quiere apelar, dice, "a lo que se ha dicho de sólido" respecto del afecto. ¡Hay que ser descarado para decir semejante cosa! De este modo se barre de un golpe toda la psicofisiología para indicar que aquí no se trata de una fenomenología de las emociones y tampoco de un problema de *self-control*, de dominio de las emociones, sino de lo que es bueno o malo, de lo que se ajusta a un bien, eventualmente a un Bien Supremo... No es que este Bien Supremo sea transportado por él al psicoanálisis, en absoluto, sino que con ello afirma que sólo en este abordaje tradicional de la cuestión encuentra el psicoanálisis su orientación.

Pensaba evocar aquí, sobre el tema de las pasiones del alma, a Descartes contra Santo Tomás. Santo Tomás –los remito al Capítulo LXVIII de sus *Pasiones del alma*– no conoce en el alma ninguna distinción de partes. Correspondería comentar entonces las seis pasiones primitivas que distingue Descartes: la admiración, el amor, el odio, el deseo, la alegría y la tristeza. Falto de tiempo, no me extenderé sobre este tema sino que consideraré más bien las pasiones que Lacan enumera en su *Televisión*.

Es inmediatamente comprensible, si se admite que haya que pasar de la psicofisiología a la ética, que en ella sea cuestión de virtud, de pecado y de cobardía moral cuando se trata de depresión. Lacan no hace aquí una enumeración exhaustiva sino que sólo da unos ejemplos, ejemplos que habría que poder ordenar, de la tristeza opuesta no a la alegría como en Descartes sino a la gaya ciencia o saber alegre, de la beatitud ligada al fastidio, y de la felicidad articulada con el mal humor.

Antes de comentar esta lista barroca les haré notar que, en *Televisión*, Lacan compara al analista con el santo. ¡Qué idea descabellada!, nos decimos. Ahora bien, lo más importante de esta comparación es que, precisamente, Lacan no compara al analista con el sabio –el sabio, es decir aquel que domina sus pasiones, aquel que llegado el caso, cuando es estoico, debería no conmoverse nunca– sino con el santo, quien experimenta pasiones, quién, con toda verosimilitud, es al menos sitio [*siège*] del entusiasmo y hasta de la turbación [*émoi*], los remito a la etimología de la palabra que Lacan desarrolla en su Seminario "La angustia".* Es cierto al menos que el santo está sitiado [*assiégé*]; sitiado por las pasiones que suscita.

Nada en esta lista lacaniana de las pasiones del alma implica que haya que desprenderse de ellas. La tristeza es la primera que aborda, y de manera tradicional puesto que ya Cicerón, en sus *Tusculanes*, hace una larga descripción de la pesadumbre en la que ciertamente podemos reconocer lo que llamamos depresión. ¿Por qué prefiere Lacan tristeza a depresión? Porque la depresión es relativa a la tensión vital, a la apreciación de la cualidad psicológica. Y para sacar el afecto de la psicología y convertirlo en un afecto del sujeto –preciso es decirlo, siderando con ello al adversario–, lo convierte en una falta moral. ¡Claro está que tampoco hay que tomarlo al pie de la letra! Nuestros pacientes no van al psicoanalista para encontrar un predicador moral que les diga: "¡Usted está deprimido, es una cobardía!" Más bien esta "falta moral" hay que entenderla refiriéndose a Dante y Spinoza, que implican al sujeto en la emoción y como sujeto de la elección. Agreguemos que aquí el término de moral tiene valor por referirse a la ética en tanto que ella concierne a la relación con el goce. Precisamente por eso Lacan define su ética como una ética del bien-decir. Pues ¿qué es el bien-decir? No se trata del manejo del significante para el significante, sino precisamente del acuerdo del significante y del goce, de su resonancia. La ética del bien-decir consiste en cercar, en encerrar, en el saber, lo que no puede decirse. Por eso, de la tristeza, Lacan hace un asunto de saber. Cuando el saber es triste, es impotente para poner el significante en resonancia con el goce, este goce permanece exterior. Y es precisamente porque, para Lacan, la tristeza es relativa a ese acuerdo del significante y del goce, y por lo tanto, asunto de saber, pues comenzó definiendo la tristeza como un saber fallido, por lo que puede decir que, en oposición a la tristeza, está la gaya ciencia o saber alegre. Y si llega al extremo de decir que esa cobardía moral que es la tristeza puede llegar a la psicosis, es porque en la psicosis es llevada a su última consecuencia la

* La traducción de *émoi* por "turbación" se apoya en el extenso desarrollo de Lacan en el seminario mencionado, en torno a la etimología de ese término; término que, a su vez, y en función de dicha etimología, Lacan distingue netamente de *émotion*, "emoción". [N. de T.]

exterioridad del significante y del goce. En ella el goce es abandonado a sí mismo, rechazado del lenguaje y, forcluido de lo simbólico, retorna en lo real. Ahora se hace evidente que lo que está en el punto opuesto a esa tristeza es la gaya ciencia o saber alegre, la cual por su parte admite la extimidad del goce, admite que ese goce ciertamente no se puede reabsorber en el saber, pero que tampoco le es exterior. Al respecto, hagamos notar que el saber alegre no es el saber todopoderoso sino el que hace pasar de la impotencia a lo imposible. La tristeza es la impotencia y, la gaya ciencia o saber alegre, lo imposible del saber. Por ahí, toca a lo real. En consecuencia, Lacan hace de este saber alegre una virtud: descansa, en efecto, sobre principios. Y es con la condición de la gaya ciencia o saber alegre como el significante se reconcilia con el goce, lo que Lacan llama el goce en el desciframiento. La gaya ciencia o saber alegre por supuesto, es totalmente distinta de la definición clásica o cartesiana de la alegría, que la considera goce del bien propio. La alegría lacaniana, en cambio, es relativa al saber, y consiste en dar su lugar al goce en el ejercicio del saber.

Como nos queda poco tiempo, dejemos de lado el binario beatitud y fastidio y para concluir vayamos al entusiasmo final. En "El atolondradicho" Lacan dio al fin del análisis un afecto preciso. El análisis termina, dice, "más bien maníaco-depresivamente". No es desde luego más que una analogía, pero de ser preciso que el fin del análisis se conecte con un afecto especial, éste muy bien podría ser de este tipo. Se trata efectivamente, sencillamente, de separarse de una cadena significante que se ha recorrido durante mucho tiempo: por eso hay tristeza; y, si puede haber manía, es porque ésta encarna inmejorablemente el rechazo del inconsciente.

Pero en *Televisión* Lacan evoca, para caracterizar este fin del análisis, el entusiasmo. Entusiasmo por ser posibilidad de gaya ciencia o saber alegre, en ese punto, y no beatitud. La beatitud es efectivamente un afecto –lo dije en el comienzo– que según Spinoza pertenece también al registro del saber. Es, dice éste, "la alegría que acompaña a la idea de Dios en tanto que causa". Pues bien, lo que Lacan llama entusiasmo es también una alegría, la que acompaña a la idea de *a* en tanto que causa, causa del deseo, pero no del deseo de saber, al contrario: el entusiasmo es la alegría que acompaña a la idea de *a* en tanto que causa del horror de saber. Observen ustedes que la condición de la beatitud spinoziana es que Dios exista, y además, que esté de buen humor, que él mismo esté alegre y guste de sí. Ahora bien, esta condición no se da en el entusiasmo del fin del análisis donde lo que se da, por el contrario, es que el Otro no existe, pero que el saber sí, existe: a condición de construirlo y de inventarlo. Por eso el analista no es un sabio, ni siquiera spinoziano. Y la angustia, en este aspecto, no está siempre a la altura de un remedio del deseo.

(Reseña establecida por Elisabeth Doisneau)

$$\Sigma(x)$$

¿Qué es lo que prueba al inconsciente? Pienso vagamente en la pregunta, me abandono a ella. A decir verdad, es una ensoñación, un abandono, y ahí está el paciente siguiente, ya está ahí, siempre, para sacarme de la duda, pues este paciente –que me habla, que va a hablarme, que va a dirigirse a mí, que está en mi consultorio, que no pasa por mi ventana– es bien real y yo no juego a dudar de su existencia. Pero ese paciente que está ahí ¿prueba el inconsciente? ¿Prueba la existencia del inconsciente? No, prueba solamente el psicoanálisis, la existencia del psicoanálisis, no la del inconsciente. Si soy psicoanalista, si respondo "presente" cuando alguien demanda analizarse conmigo, si acepto entonces llevar el predicado de psicoanalista, inscribirme en esta función ¿qué mejor cosa puedo hacer que identificarme con ella? Es decir, ocupar el lugar donde se me llama a funcionar sin pensarlo más y hacer lo que tengo que hacer. Mientras asuma el acto psicoanalítico, no tengo que dudar del inconsciente. No hay espacio para una meditación.

El acto psicoanalítico, que es el acto del psicoanalista, se plantea, como todo acto digno de este nombre, *ex nihilo*. Quiere decir que un acto digno de este nombre no se deduce; el acto no es un cálculo, no es una deliberación, no es un cómputo ni un compromiso. Aun cuando lo preceda la estimación del pro y del contra, un acto se reconoce precisamente en el hecho de que excede a sus razones. Por eso el acto propiamente dicho es fundador, primordial, creador. Todo acto digno de ese nombre crea una verdad nueva, que no por ello es eterna sino que tiene la posibilidad de ser inolvidable para el sujeto que soporta ese acto. El acto crea así una verdad eternizada en el sujeto, el cual, por eso mismo, cambia. El acto es comienzo absoluto, casi divino; lo que significa que en el orden del significante es axioma y, en cuanto al sujeto, es certeza e instaura así el significante primero a partir del cual se constituye el sujeto de un saber nuevo: saber que resulta garantizado por ese acto. Pero entonces, dirán ustedes ¿qué es lo que el acto garantiza? Nada. El acto nunca es del orden de la garantía sino del orden del riesgo. Quiere decir que él no es su propia garantía. Ni siquiera Dios podría ser su propia garantía. Lo único que se puede decir es que Dios se autoriza por sí mismo. Aun si pienso en el acto todo lo que quiero, no accedo a él sino pasando por el momento, digamos incluso por el desfiladero, de un "No pienso". Para ser, para ser en el acto, es preciso no pensar. Si el acto es tan difícil para el obsesivo y si no obstante sueña tanto con él, si lo desea, si lo inviste con un valor ilimitado y absoluto, es en la medida en que el obsesivo piensa y en que él es incluso pensanteser. En este aspecto, la obsesión no es otra cosa que la patología del pensamiento cuando la profunda indeterminación del pensamiento es elevada a la potencia de la duda. Esto también se aplica al pensamiento como inconsciente. Es el acto el que decide, como determinación elevada a la potencia de la certeza. De ahí la disyunción: acto o inconsciente.

El acto propiamente dicho es rechazo del inconsciente. Lo que significa asimismo que en tanto que yo sostengo un acto, no tengo inconsciente. Estoy dado de baja del inconsciente. En tanto que sostengo un acto, no soy sujeto. Lo que hace un momento llamé riesgo, lo puedo llamar también impostura, puesto que la tesis del acto va más allá de lo que pienso, más allá de lo que sé. Es entonces una impostura ya que inconsciente, lo soy, yo que no sé lo que hago. En este aspecto, todo acto es impostura puesto que en el acto hago como si supiera lo que hago siendo que no lo sé en absoluto. Corrijamos esto: todo acto es impostura, salvo que no estoy en él y que un acto verdadero no es del sujeto, no hay sujeto del acto.

Entonces, como psicoanalista, no tengo que dudar del inconsciente, no tengo que dudar de que yo sepa de una manera indubitable la existencia del inconsciente. Como psicoanalista, yo fundo el inconsciente por el mismo hecho de que introduzco, a aquel que se dirige a mí, a hablar en la dimensión del inconsciente. Yo fundo el inconsciente y en primer lugar a riesgo del paciente, e incluso a sus expensas. Sin embargo, mi pregunta: "¿Qué es lo que prueba al inconsciente?", insiste más allá de esta solución pragmática. Digo que es una solución pragmática porque incluso sin tener la respuesta continúo haciendo lo que tengo que hacer como psicoanalista, y por las mejores razones del mundo. Es, por lo tanto, una solución pragmática, pero no es una solución teórica. Ciertamente, no me dedico como Descartes a meditar sobre la certeza y la existencia. Y además ¿acaso el inconsciente demanda que se pruebe su existencia? Ni siquiera es seguro que lo demande Dios. Dios, cuando existía, demandaba que se lo amara, no que se lo demostrara. Además, al demostrarlo se lo ama menos, y hasta nada en absoluto.

La muerte de Dios comenzó en su demostración. No es sólo que las pruebas fatiguen a la verdad, es que la matan. Y entonces, por qué ocuparme de lo que prueba al inconsciente si Descartes está completamente solo en su tebaida, junto al fuego, con su pedacito de cera, y en cambio yo no estoy solo por el hecho mismo de que el psicoanalista no está solo, de que su pedazo de cera está vivo y piensa y habla. El analista no se halla en el "Pienso, luego soy", ya que se limita a su "No pienso" del que extrae su ser, dejando la falta-en-ser a aquel que piensa en su diván.

El psicoanalista, en el fondo, puede limitarse a practicar el psicoanálisis. Digamos que es la forma pragmática de su infatuación, para utilizar un término que se mencionó hace un rato. Ya es mucho. Pero si también quiere pensar el psicoanálisis ¿cómo puede evitar un psicoanalista preguntarse: "Al inconsciente, ¿qué lo prueba?" Hay una respuesta cómoda. La transferencia prueba al inconsciente, esto es, digámoslo, el amor del inconsciente. Pero el amor, los signos del amor, no son pruebas, si se admite al menos que la exigencia de la prueba, desde que domina el discurso de la ciencia, se ha impuesto y ha descalificado el testimonio del amor. Y por eso insiste la pregunta de lo que prueba la existencia del inconsciente. Insiste para el psicoanalista no bien piensa, e incluso no bien se dirige a aquellos que no son entendidos. Evidentemente, el analista puede dirigirse solamente a los entendidos, a los psicoanalistas, es decir a lo que se demuestra para todos. Hoy hablo para los no entendidos y no para mis colegas. Ahí está el *hic* que se demuestra para todos. Pues ¿cuáles son los criterios de la prueba? No hay prueba más que si el Otro consiente en ello. En este aspecto, la lógica no es más que una forma límite de la retórica. Lo que es prueba para uno no es necesariamente prueba para el Otro. Se sabe hasta en matemáticas, donde los matemáticos de ningún modo concuerdan sobre los criterios de la prueba de existencia no bien está en juego el infinito. No es seguro, por lo tanto, que la cuestión de lo que prueba la existencia del inconsciente sea colectivizable. Tal vez no pueda serle planteada más que a cada uno, uno por uno: ¿qué prueba tiene usted, usted, de la existencia del inconsciente? En cualquier caso, es una pregunta a la que un analista de ningún modo puede sustraerse, salvo haciendo de su acto impostura. Es la pregunta para desarmar la infatuación: ¿qué es lo que, para usted, prueba la existencia del inconsciente de otro modo que haciendo de analista? La respuesta, si la tiene, le viene primero de su análisis. De ahí que un análisis comience siempre por un acto de fe. Porque las pruebas, si aparecen, lo harán después.

Nadie comienza su análisis por la certeza. La certeza, en todo caso idealmente, está al fin del análisis, con el relevo del acto analítico. Si la certeza está del lado del acto, por qué no articular entonces que no está en absoluto del lado del inconsciente. Las formaciones del inconsciente, el relato de sueños, el lapsus, el acto fallido, el chiste, y su interpretación, a mi juicio no prueban de ningún modo la existencia del inconsciente. No excluyen de ningún modo que el inconsciente sea imaginario. De hecho el inconsciente es imaginario, si con ello se entiende no sólo el registro de la imagen en cuanto diferente de lo real, sino también el registro del sentido en cuanto diferente de lo real.

Si se admite que el sentido es imaginario, si se lo clasifica en este registro, entonces hay que plantear finalmente que el inconsciente es imaginario. Las formaciones del inconsciente y su interpretación por el analista no van más allá de demostrar que hay sentido ahí donde antes no se lo discernía, ni antes de Freud ni antes de que uno mismo se hubiere aplicado a ello. ¡Sentido, sentido, de acuerdo, todo el que quieran! Pero con eso no se demuestra la existencia del inconsciente; con eso sólo se demuestra su elaboración, que nunca pertenece más que al orden de lo posible. Miren a los analistas, a los mejores, cuando se aplican a determinar el cálculo de la interpretación. Consiguen indicar con qué frase completaron una frase de su analizante. Pueden señalar qué significante 2 han acoplado al significante 1 que el paciente les aportaba. Entonces pueden deducir verosímilmente el efecto de significación resultante. Pueden presentarlo ante ustedes verosímilmente. Pero con esto no salimos del imaginario del sentido; hay un hiato entre ese efecto de significación, por convincente que sea, y la respuesta de lo real que parece acompañarlo.

De hecho ¿de qué lado buscamos esa respuesta de lo real? La buscamos siempre del lado del síntoma. Se nos pueden mostrar todo lo que se quiera los efectos de significación, nuestro patrón de medida es saber si esto cambia algo en el síntoma. En el fondo, implica reconocer ya que es el síntoma el que hace ex-sistencia del inconsciente, y no las formaciones del inconsciente. Por eso el síntoma no tiene que ser situado en el rango de las formaciones del inconsciente. Lo es también, sin duda, por lo mismo que reconocemos esas formaciones del inconsciente en el hecho de que se les puede suponer una significación intencional. Se le puede suponer a un sueño, lapsus, chiste o acto fallido sintomático, un cierto "eso quiere decir". Y de este sentido supuesto podemos inferir toda una articulación significante, un saber supuesto. De ahí la expresión de sujeto-supuesto-saber, que resume la cosa. Pero suposición no es existencia. Incluso es lo contrario. Y aun cuando el sentido supuesto insista y demuestre con ello la coherencia del saber que yo infiero de él, no por ello hace de él ex-sistencia.

Hablar de ex-sistencia del inconsciente quiere decir algo más, e incluso algo muy distinto que hablar de su insistencia. Aunque las dos sean repetición, no son la misma. Admitamos que el síntoma –en tanto que es interpretable, que se le puede encontrar un sentido y de este sentido inferir un saber– pertenece al registro de las formaciones del inconsciente, es decir de la elaboración del inconsciente. Sin embargo el síntoma se distingue de ellas, me atrevo a decir, por su objetividad. Primero porque el síntoma dura, mientras que la formación del inconsciente es por esencia un ser fugaz, evasivo, un ser de esquiva. Del sueño siempre se puede decir –les pasa incluso a psicoanalistas– que no es más que un sueño, pero del síntoma no decimos que no es más que un síntoma. Con eso tropezó Freud: con la resistencia del síntoma.

El síntoma afecta al inconsciente; su goce constituye ex-sistencia, ex-sistencia objetiva, pues el síntoma siempre entraña una referencia al amo. Por eso es objetivo. Diré incluso, para simplificar, que el síntoma es siempre social. Vemos claramente, en la selección del internado psiquiátrico, que el síntoma está decidido por lo social y que varía según los dispositivos de dominio. Pero incluso en la experiencia analítica donde la selección, pensamos, es personal, subjetiva, el síntoma se anuncia básicamente por la falla de dominio del sujeto.

No hay síntoma sino allí donde hay falla subjetiva de dominio, y por lo tanto referencia al dominio. Por eso, desde siempre, el síntoma condujo a remitirse al amo para que él los redomine. El médico estuvo particularmente encargado de esta función, y observemos que no es él quien retrocedería ante la identificación del sujeto con el síntoma.

Para él ese síntoma, si ustedes lo tienen, ustedes lo son, y él los nombra a ustedes con él. Ustedes ya no son Juan o Jorge, sino una pleuresía o un absceso. En este aspecto, la reducción del sujeto al síntoma –no la cosificación sino la sintomatificación o el devenir síntoma–, se realiza en cortocircuito desde este nivel. A este lugar del amo es llamado el analista en razón del síntoma; pero ahí se lo llama para que sostenga ese lugar de una manera nueva, de una manera que como tal no es terapéutica pues no hay terapia que no se haga en nombre del discurso del amo. El terapeuta es un sacrificador; es aquel que sacrifica el síntoma al amo.

Nosotros los analistas somos exactamente como los médicos laboralistas: dadas las coordenadas actuales del discurso del amo, el síntoma se presenta forzosamente como patología del trabajo. Es lo que se pone de través en el discurso del amo, obstruye su funcionamiento y altera el trabajo. Es no sólo "No puedo trabajar" sino también "No puedo parar de trabajar". Lo que cuenta, en lo que se refiere al síntoma, es "No puedo", que es una fórmula de detención pero al mismo tiempo una fórmula de repetición enlazada a la detención. Es básicamente un "No puedo impedírmelo", y precisamente porque el discurso del amo define el sentimiento de realidad y los criterios de la existencia, precisamente por eso los fracasos y las resistencias que el discurso del amo experimenta a título de síntomas subjetivos valen como ex-sistencia. Los síntomas valen como ex-sistencia del hecho mismo del discurso del amo.

Precisamente porque el inconsciente, en el síntoma e incluso en el síntoma social, es hecho ex-sistente, precisamente por eso es susceptible de ser demostrado en todos. La respuesta del cuerpo en la histeria o la respuesta del pensamiento en la obsesión pueden ser prueba para un sujeto, pero para todos, esto pasa por la respuesta del cuerpo social o del pensamiento social. De ahí el hecho de que el síntoma perverso o el síntoma psicótico induzcan siempre una convicción general gustosamente rehusada al neurótico. Desde ese momento hay que definir el síntoma no como formación del inconsciente, sino como función del inconsciente: una función que transporta una formación del inconsciente a lo real. Lo más fácil es decir que el síntoma transporta un efecto de significación a lo real y que, por medio del síntoma, un efecto de significación vale como respuesta de lo real. El problema está en que esta fórmula no pasa la prueba de la ciencia. La ciencia, en efecto, no admite que los efectos de significación valgan como respuestas de lo real.

Indudablemente, la ciencia interroga a lo real con la suposición galileana de que la naturaleza habla en lenguaje matemático, de que lo real responde en significantes matemáticos. Interrogado a partir del discurso de la ciencia en cuanto ella se elabora a partir de lo simbólico, lo real responde directamente a lo simbólico. Pero para nosotros, los analistas, lo real al que interrogamos –llamémoslo real del goce–, su respuesta, es sentido. Lo atestiguamos nosotros mismos en la interpretación. Aun si suponemos, con arreglo a la hipótesis científica, que lo real está escrito en letras, nos es preciso explicar que éstas son hechas significantes, es decir que hay que agregarles un efecto de significación. Es decir que si el síntoma es una función que transporta de lo simbólico a lo real, no hay para nosotros camino directo que nos vuelva a llevar de lo real a lo simbólico y nos hace falta una mediación imaginaria: la del sentido. ¿Qué hacer, entonces? Poder prescindir de esa mediación: éste es el sueño de Lacan.

Terminaré indicando lo que esto modifica del estatuto del Otro: piedra angular, para Lacan, del análisis. El Otro ¿ya está constituido en lo simbólico? Lo que puede hacerlo pensar son justamente las formaciones del inconsciente, puesto que son mensajes susceptibles de interpretación y esto haría demostrable, en una formación del inconsciente, la llamada al Otro que ella encubre: al Otro intérprete y al Otro garante del sentido que ella entraña. Si el inconsciente se aborda en cambio, no por sus formaciones sino por el síntoma, entonces surge la sospecha de que tal vez ese Otro no está constituido sino en lo imaginario y de que, en cualquier caso, a diferencia del síntoma, ese Otro no ex-siste.

¿Quién es el *partenaire* del sujeto? ¿El Otro, el gran Otro, donde él se constituye como tal y donde se habla hasta ser hablado? ¿O el *a*, donde él se goza? Si se aborda el inconsciente por sus formaciones, podemos decir que el *partenaire* del sujeto es el Otro. Pero si se lo aborda por el síntoma, su partenaire es el *a*. Quiere decir que, desde este punto de vista, el Otro está sostenido por el objeto *a*. Entonces la cuestión es saber cómo llega el Otro a sustituirse al objeto *a*, es decir, cómo se convierte en su metáfora; no la metáfora del sujeto, sino cómo a la letra viene a sustituirse el ser*, cómo a la letra esencialmente sin A viene a sustituirse el significante que remite al Otro, cómo es posible que se pueda responder al sujeto desde ahí donde no era más que *partenaire* de su soledad en el goce del síntoma. Nos lo dice el

* Juego de homofonía entre *lettre*, "letra" y *l'être*, "el ser". [N. de T.]

poeta que de la mirada de Beatriz, de su Beatriz, hace nacer el Otro divino y su idea de la beatitud. Aquí nos indica que el gran Otro se hace a partir del goce del sujeto. Pero no de todo goce puede nacer un Otro; no nace más que si ya está en el síntoma, si ya hay una brecha presente en el autismo de su goce.

   ¿De qué modo está presente el Otro en la repetición del síntoma? Lo está siempre en tanto (-1). Obsérvenlo en la obsesión, que pone de relieve la instancia temporal del "menos una", en el sentido en que se dice "era menos una"*. En este mismo apresuramiento, que es goce, se crea el Otro de la espera y de este modo, al abrir el lugar del "menos una", lo que queda preparado es el lugar mismo del Otro. Vean en la histeria cómo sustrae el sujeto la letra, una letra, para hacerse, me atrevo a decir, básicamente falla-en-ser. Así podremos delimitar en la experiencia analítica no solamente las metáforas del sujeto, sino cabalmente las metáforas del goce. En el obsesivo será su petrifica- ción, su "hacerse piedra" que ya denota a la pulsión; a lo que no con- tradice aquello con lo cual, llegado el caso, él lo complementa, es decir la agitación, el activismo. En el histérico lo que hay allí es no fijación sino ficación, lo que funda su presencia es la ausentificación, a la que el sujeto debe extremar entonces hasta lo que llaman el histrionismo, pero que en realidad es ese presentismo histérico continuamente roí- do por la ausentificación. En cuanto al perverso, no diré petrificación, pese al retrato que Man Ray hizo de Sade; diré su saberificación. Y en cuanto al psicótico, sin desarrollarlo más, evocaré su odioficación.

   Acabaré distinguiendo solamente lo que implica el síntoma conce- bido como función de ex-sistencia. El no promete, pues, aquí que se sobreestime lo que es ahí el resto absoluto y la elucubración. El sín- toma como interpretable, suponiendo que haya desaparecido, deja un núcleo no elaborable. A este núcleo podemos llamarlo incurable. En- tonces ¿qué otra cosa queda que asumirlo? No solamente asunción de la castración, sino asunción del síntoma. Se juega en ello, sin duda con cierto impudor, un "Soy como soy". Así se explica que, para comenzar, yo haya querido formular la pregunta que persiste: ¿qué es lo que prueba al inconsciente?

---

* Traducción literal, que no puede dar cuenta del sentido, de la locución francesa *il était moins une*, que tiene aproximadamente el sentido de "faltaba muy poco". [N. de T.]

ALGUNAS REFLEXIONES SOBRE
EL FENOMENO PSICOSOMATICO

Si queremos proseguir nuestra indagación en este dominio, me parece fundamental plantear de entrada: fenómeno psicosomático diferente de síntoma –FPS ≠ síntoma– y ello por la razón concreta de que debemos ser muy exigentes en cuanto a la estructura de lenguaje del síntoma.

Digo "síntoma" entendiéndolo cabalmente en el sentido analítico, según la definición que le damos a partir de la enseñanza de Lacan, es decir que se trata de una formación del inconsciente que tiene estructura de lenguaje, que supone una sustitución que nosotros llamamos, con el lenguaje de la retórica, metáfora y, por lo mismo, que está abierta al desplazamiento retroactivo por reformulación y a una modificación debida a la emergencia de efectos de verdad. Tenemos, pues, del síntoma, una definición precisa y obligada.

I( )

Partiendo de este recurso doctrinario hallamos inmediatamente en Lacan dos puntos en que puede ser abordada la metáfora: la metáfora subjetiva y la metáfora paterna. Para situar el fenómeno psicosomático Lacan nos da, en primer lugar, una forma de enfoque de la metáfora subjetiva que es la ausencia de afánisis –holofrasis, congelamiento, etc.–, y en segundo lugar un enfoque de la metáfora paterna

* afánisis =

que pone en cuestión al padre, al Nombre-del-Padre, al padre del nombre, etc.

Por otra parte, si abordamos el fenómeno psicosomático a partir del análisis, a partir del campo del lenguaje, estamos forzados a situarlo como un límite, indicando este término que el fenómeno psicosomático, si existe en su consistencia como diferente del síntoma, se sitúa por el solo hecho de esta diferencia en los límites de la estructura del lenguaje; y tendremos que justificar por qué razón consideramos no obstante que algunos de sus rasgos adhieren a ella.

Una manera de situar ese límite consistiría en decir que el Otro es puesto ahí entre paréntesis; sin embargo, no podemos afirmar tal cosa, toda vez que Lacan utilizó la puesta entre paréntesis para significar, por el contrario, la indexación del Otro. Lacan escribe (A), justamente para decir: es del Otro. Así que no podemos decir que en el caso que nos ocupa el Otro está entre paréntesis, pero quizá podríamos decir que el fenómeno psicosomático, en cierto modo, esquiva la estructura de lenguaje. Hemos visto inclusive, a lo largo de las intervenciones aquí reunidas, que el fenómeno del trauma no resulta bien distinguido pues se cede a la tentación de hablar de un acontecimiento histórico, biográfico, que justamente no se vería transpuesto por la estructura de lenguaje sino que, por el contrario, en cierta forma estaría inscripto directamente. Tenemos, pues, una ausencia de transposición muy notoria, lo cual constituye para nosotros un punto de orientación con respecto al síntoma.

Me parece simple escribir el fenómeno psicosomático I (), para evocar su parentesco con la función del rasgo unario despejado por Lacan en Freud, pero aquí no indexado con el Otro del significante. Pues si prestan atención a la manera en que Lacan se refiere a Pavlov, por ejemplo —en las páginas que evoca el fenómeno psicosomático del libro XI del *Seminario*, que es una de nuestras referencias capitales— a propósito del animal, diciendo que este animal no pone sobre el tapete el deseo del experimentador, comprobarán que introduce el fenómeno psicosomático en las huellas de esta referencia. ¿Qué quiere decir situar así el fenómeno psicosomático casi en el registro del animal en el hombre? Es que este fenómeno no pone en cuestión el deseo del Otro sino que opera un esquivamiento del Otro; en lo cual veo que se verifica esta manera de abordar la cuestión.

Es ciertamente fundamental, crucial distinguir el síntoma, especialmente el síntoma histérico, del fenómeno psicosomático, precisamente porque esa relación con el Otro es constitutiva del síntoma histérico, cosa que de ningún modo sucede en el fenómeno psicosomático, si es que existe. ~~¿.? El Otro?~~

Un S_1 absoluto

Rasgo unario = sgte único y articulado. (handwritten)

Ahora me es preciso inscribir, a imagen de Lacan, el fenómeno psicosomático en una serie. En el pasaje del *Seminario XI* al que nos referimos, Lacan despeja en efecto una sucesión a partir de la estructura significante $S_1 — S_2$ –el significante remite a otro significante, el sujeto está representado por un significante para otro–, y construye una categoría de todos los casos en que este mecanismo de representación no funciona y donde, en cada oportunidad, puede plantearse la pregunta: ¿hay o no hay sujeto? Lacan propone una matriz muy general para todos los casos en que la existencia del sujeto es propiamente problemática. Ahora bien, en la medida en que el sujeto tal como lo definimos, el sujeto barrado es ya un sujeto abolido, desaparecido, nos faltan las palabras adecuadas para redoblar esta proposición e indicar que, en el fenómeno psicosomático, se trata de un atentado contra el modo de ser del sujeto, aunque el sintagma "modo de ser" sea también problemático. Retengamos no obstante que en todos los casos que Lacan menciona junto con los fenómenos psicosomáticos, y donde figuran la debilidad mental infantil y la psicosis –él evoca la paranoia–, se trata de un nivel en que el sujeto cesa de estar representado y donde, en cierto modo, falta la discontinuidad. Son casos donde no estamos en presencia de una articulación significante pero donde está en función la presencia o la ausencia de un significante unario, de un significante privilegiado (nuestro vocabulario no es, una vez más, muy adecuado). Un S_1, entonces, pero en cierto modo absoluto.

"S_1 Absoluto" (handwritten margin)

¿De qué disponemos para pensar este S_1? Nuestros recursos son escasos. Volvemos a traer el rasgo unario, por supuesto, ya que se trata de un significante único y no articulado. Podemos volver a traer el jeroglífico, que en determinada figuratividad puede ser erigido de manera hierática. Podemos volver a traer la firma, ya que, en su límite, la firma es una simple X, la marca de que el sujeto estaba ahí. Notemos sin embargo que esta X no se inscribe en cualquier parte, que hay que rodearla de una arquitectura significante: existe un texto, y se requiere del sujeto iletrado que le ponga esa X que supuestamente expresa su acuerdo, pero todavía es preciso que alguien esté presente

S_1 en FPS (handwritten margin)

LA FIRMA (handwritten margin)

EL JEROGLÍFICO,
ENUMERAD: LA FIRMA, NOMBRE PROPIO, EL SELLO... EVOCAN el FPS.
de REFERENCIAS

¿alcance de esta evocar?

176   *Jacques-Alain Miller*

S₁ en el FPS
↑ TR
EL NOMBRE PROPIO

para garantizar que esa X fue efectivamente trazada por el signatario. Así pues, para una X de firma, todavía es necesario todo este aparato.

También podemos evocar el nombre propio, que tiene en las lenguas la singular propiedad de no ser traducible pero también la de cortocircuitar al Otro del lenguaje; el nombre propio atraviesa las lenguas y parece hacer directa referencia al objeto sin pasar por la mediación de la articulación significante. Así que nos vemos tentados de ponerlo aquí en función.

EL SELLO?
↑ TR
S₁ en el FPS.

¿No podríamos evocar también, respecto del S_1, especialmente en el fenómeno psicosomático, el sello? Tuve ocasión de comprobar su función pues hace poco me pidieron unos papeles notariados; una fotocopia no alcanzaba; ante el juez hay que producir en efecto el acto auténtico, es decir aquel en que el sello del notario aparece en la trama del papel. Por lo tanto, el sello podría ser igualmente evocador en lo que concierne al fenómeno psicosomático.

ESCARIFICAD?
SILENCIO
y
GRITO

Esta enumeración tiene el propósito de mostrarles hasta qué punto giramos alrededor del S_1 tomando referencias en lo que nos ofrecen la lingüística, la experiencia, la etnología: evocamos incluso la escarificación. Podríamos apelar igualmente al silencio, o al grito, como lo hace Lacan en su conferencia de Ginebra. ¿Es el fenómeno psicosomático un grito? Sin embargo, antes que el grito Lacan prefiere el jeroglífico, precisamente porque del grito hacemos una llamada: el grito se dirige al Otro. No nos detendremos en un eventual grito primario que no se dirigiría al Otro, pero en este aspecto el jeroglífico de que se trata en el fenómeno psicosomático es un jeroglífico en el desierto: el que es escrito, y no grito. Y no olvidemos que Lacan define el escrito fundamentalmente como "no para leer". En esa conferencia menciona sin duda la lectura, pero el meollo de aquello de lo que habla es cabalmente el escrito como no para leer, bien distinto de toda llamada al Otro, del que es esencial que pertenezca al orden de lo impreso. Observemos aquí el interés que reviste el paso de la letra al número.

JEROGLÍFICO
y
GRITO.

I ( )
a—a'
6
NO
ENTIENDO!

CÓMO
enraizado
en su fundam.
en lo I?

Desde el momento en que después de la I mayúscula –que podría ser la de Impreso– dejamos los paréntesis vacíos, llegado el caso podríamos llenar esos paréntesis con la relación *a—a'*, a fin de destacar los fenómenos miméticos que aparecen por ejemplo en este lugar. Y no olviden lo que recuerda Lacan en su conferencia de Ginebra: "Lo psicosomático es algo que sin embargo está en su fundamento profundamente enraizado en lo imaginario". La frase no está muy bien construida ¿no es cierto? Se la habría podido abreviar en su transcripción, y si lo psicosomático no tuviera ese valor yo no habría dejado "lo psicosomático es algo", pero justamente creo que esto tiene su peso.

El fenómeno psicosomático es, pues, un campo de investigación, un campo de investigación del S, allí en juego de modo cualitativo, para lo cual tomamos prestado todo lo que podemos, sin estar seguros de superar el nivel de la analogía –nos movemos con el "como" que mucho nos gustaría poder franquear. O entonces hay que decir que hay un valor de real en ese imposible y demostrarlo. Nuestro interés en la psicosomática podría conducirnos a desplegar estos términos con más precisión.

El Otro como cuerpo

He indicado de qué modo, partiendo de la reflexión sobre la representación significante del sujeto en la enseñanza de Lacan, se puede al menos hallar un lugar para el efecto psicosomático. Pero ésta no es más que una vertiente de la cuestión. Mucho del trabajo que se viene desarrollando en la Sección clínica desde hace varios años –desde 1977-1978 a propósito de la psicosis– se centró en la complementación de este aspecto consistente en recordar la función del goce. Es indudable que necesitamos verdaderamente completar el libro XI del *Seminario* de Lacan, de donde tomamos la referencia a esa serie ordenada por la ausencia de afánisis del sujeto, por la misma serie pero esta vez considerada del lado de esta pregunta: ¿qué ocurre con el goce y con su lugar? Quienes han seguido los trabajos de la Sección Clínica han visto que con el paso del tiempo ese movimiento se cumplía y se demostraba de un modo preciso, y quedó de manifiesto, en nuestras discusiones de estas dos jornadas consagradas a la psicosomática, que el tema está enteramente presente en el auditorio.

Sólo que, también aquí, nos vemos inducidos a hacer ciertas distinciones. Recordemos primeramente que "la estructura incorporada hace el afecto". ¿De qué se trata si no de la estructura de lenguaje, en tanto que se apodera del cuerpo?; y Lacan ve en ello la explicación del afecto. Pero ¿qué es lo que llamamos afecto? Algo profundamente desplazado: ésta es su definición analítica y su definición freudiana. O sea, es para dar cuenta del desplazamiento del afecto por lo que Lacan implica en él la estructura de lenguaje desarrollada. Ahora bien, es verdad que en lo tocante al fenómeno psicosomático podemos referirnos a esta frase, pero justamente para marcar la distinción. Si hay incorporación, es una incorporación no de la estructura sino de un significante, y en la forma de una cierta *imprimatur*, de una cierta fijación.

De la misma manera que la ausencia de afánisis toca al principio de toda una serie de casos, podemos hallar el principio de toda otra serie precisamente a partir de considerar que la incorporación de la estructura de lenguaje tiene sobre el cuerpo un efecto preciso, que es la separación del cuerpo y del goce, principio que podemos llamar su evacuación, su vaciamiento, el hecho de que este goce está reservado a ciertas zonas, llamadas por Freud erógenas, del cuerpo. Y esto nos conduce a plantear el cuerpo –desarrollé no hace mucho este tema– como desierto de goce, lo cual tiene relación con el jeroglífico en el desierto. Henos aquí entonces provistos de un nuevo principio, no ya la ausencia de *afánisis* sino lo que yo denominaré el goce que ha vuelto a entrar. Este goce, normalmente separado del cuerpo, aquí ha vuelto a entrar: retorna en el cuerpo.

A partir de este punto podemos situar, por ejemplo, la paranoia, que Lacan define como goce en tanto identificado con el lugar del Otro. Y sabemos que la paranoia –lo estudiamos desde el inicio de la Sección clínica con el caso del presidente Schreber– sufre un ir y venir enteramente ritmado. Conocemos el estilo extremado de esas desapariciones que adoptan, en cierto modo, el movimiento del significante: tenemos el testimonio en las *Memorias* de Schreber.

Hemos evocado a propósito de la esquizofrenia –y es legítimo hacerlo también a propósito del fenómeno psicosomático– una cierta forma, un modo específico de retorno del goce en el cuerpo. Pero en el fenómeno psicosomático no tenemos el goce fálico de la esquizofrenia ni el temporalmente alternado de la paranoia; no tenemos una deslocalización del goce, como tampoco tenemos su localización "normal" en las llamadas zonas erógenas: tenemos una localización desplazada, un atentado localizado en el cuerpo. Así pues, la investigación podría llevarnos a caracterizar del modo más ajustado ese ataque localizado.

Evidentemente, nos vemos llevados –digámoslo con la menor retórica posible– a implicar una cierta coalescencia de la función significante I mayúscula y de una *a* minúscula, si se hace deducción de que en el fenómeno psicosomático no hay caída sino un cierto nudo, como lo evocábamos en nuestros debates. Hasta diré que a causa de esa coalescencia podemos encontrar ejemplos donde vemos que esos fenómenos ceden a la sugestión. Es que esta vez hay cierta relación de estructura entre la sugestión y el fenómeno psicosomático, que es –no salimos de la analogía– una sugestión prolongada, en cierto modo eternizada o periodicizada.

Esto me obliga a modificar o en cualquier caso a completar lo que decía al introducir esta exposición, a saber, que lo propio del fenómeno psicosomático es la manera en que esquiva al Otro. Debo agregar: en que esquiva al Otro del significante. Pues no esquiva al cuerpo como Otro, con el cual por el contrario interfiere. Y el fenómeno psicosomático es enteramente apto para que pueda operar esta definición de Lacan: "El Otro, es el cuerpo". Incluso podemos dar aquí del Otro del significante y del Otro del cuerpo fórmulas distintas. Y precisamente porque al esquivar al Otro del significante, el Otro del cuerpo viene a quedar impreso, finalmente se puede decir con Lacan: "El cuerpo se deja llevar a escribir", donde la fórmula "dejarse llevar" evoca perfectamente la complacencia somática.

Por lo tanto, un Otro está en cuestión en el fenómeno psicosomático pero, lejos de ser el lugar del Otro que puede ser ocupado por otro sujeto, este Otro es el cuerpo propio. Aquí cobra su valor el hecho clínico que nos recordaba Roger Wartel en que el cuerpo propio se experimenta, en efecto, como cuerpo de otro. Me parece, pues, que el cuerpo como Otro es verdaderamente una noción que permitiría aclarar nuestra orientación psicosomática.

Así se comprende además por qué Alexander se interesó especialmente en estos fenómenos: se dedicó a las emociones, a la reeducación emocional, y por lo tanto precisamente a aquello de lo psíquico que parece cortocircuitar la estructura de lenguaje, lo cual lo llevó, como es lógico, a una medicina psicosomática.

La frase "el cuerpo se deja llevar" de la conferencia de Ginebra, plantea muchos problemas. En cierta forma sabemos de qué modo calificar al Otro del significante. Decimos que llegado el caso es el Otro de la garantía, el Otro que inscribe o bien aquel donde pueden inscribirse esas palabras que restan, etc. Pero aquí es el cuerpo como Otro el que viene a tomar nota de lo que ha tenido lugar, en esa ligazón ambigua con el acontecimiento traumático. No es el Otro en cierto modo ideal del significante el que toma nota, sino el cuerpo. Y nos vemos forzados a no conformarnos con decir que ese tomar nota se efectúa en el cuerpo sino por el cuerpo, es decir, a hacer del cuerpo un sujeto de la frase, como cuando hablamos del Otro. Nos vemos así conducidos –y esto no lo encontrarán en absoluto en Lacan– a reconocer al cuerpo una suerte de independencia en la materia.

Una libido corporificada

Cabría la tentación –y digo esto con todas las reservas– de oponer
entre sí lo histérico y lo psicosomático, por lo mismo que el síntoma
histérico resalta especialmente la relación con el Otro del significante,
con el Otro del deseo, y el fenómeno psicosomático la relación con el
Otro como cuerpo, con ese esquivamiento del Otro del significante.
Cabría la tentación de ponerlos en relación y podríamos, para precisar
nuestro concepto de cuerpo, retomar la distinción entre cuerpo y organismo tal como Lacan la establece en "Posición del inconsciente",
donde, tratándose especialmente del histérico, Lacan distingue los
límites de un organismo que van más allá de los límites del cuerpo.
Esta topología nos parece curiosa pues nos inclinamos naturalmente
a ver en el cuerpo una función de exterioridad, de forma total, y a considerar que el organismo está en cierto modo en el interior. Lacan, por
el contrario, considera específico del ser hablante –y especialmente
resaltado por el histérico– que el organismo va más allá de los límites
del cuerpo. ¿Por qué? Porque el organismo incluye, con el carácter de
lo que introduce como órgano, la libido misma, y justamente una
libido fuera del cuerpo, como están fuera del cuerpo los objetos *a*. Este
organismo tendría pues por fórmula la de un cuerpo completado: el
cuerpo, más el órgano no corporal, que es la libido misma. Si quieren
dibujarlo tracen dos círculos concéntricos y coloquen el cuerpo en el
medio delimitando una zona exterior que responde a ese territorio
libidinal y que además se observa en la etología.

En el ser hablante   En el fenómeno
                                       psicosomático

¿No podríamos decir que lo que funda el principio de la serie de
casos que nos han sido expuestos aquí, desde el punto de vista del goce, consiste por el contrario en trazar ese círculo del cuerpo pero colo-
cando en el interior el del organismo? En efecto, en el fenómeno psi-

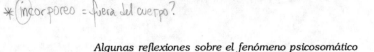

*incorporeo = fuera del cuerpo?

cosomático la paradoja consiste precisamente en que la libido ya no es un órgano incorporal, como sucede en el caso "normal" o en el caso del histérico, sino que se vuelve "corporificada". Quizá podríamos ver si, simétricamente, no sería cuestión de un cuerpo inorgánico. De la misma manera en que respecto de la histeria evocamos un órgano incorporal ¿tendría sentido hablar de un cuerpo inorgánico en lo que concierne al fenómeno psicosomático, y considerar –si queremos llegar hasta el final– la lesión como esa libido corporificada? Lo peligroso sería, evidentemente, querer entender así todas las enfermedades. Nos es preciso, pues, considerar esta hipótesis como un marco, y fijar sus límites.

Del fenómeno al síntoma

Del mismo modo podríamos invertir el circuito I-S-R en S-I-R, y allí donde Lacan sitúa, en la experiencia analítica, el movimiento de simbolización de lo imaginario que se desenvuelve hasta la verificación de que existe lo imposible de decir, el fenómeno psicosomático sería una imaginarización de lo simbólico culminando en una forma de impotencia. ¿Hasta dónde llegaría entonces la realización de lo imaginario? Lacan no dice que el fenómeno psicosomático pertenezca al orden de la letra –lo cual lo pondría a nivel de lo simbólico– sino del número, o sea de lo real. Así pues, la cuestión más espinosa para nosotros es situar lo que va de lo imaginario a lo real. ¿Diríamos que el fenómeno psicosomático imprime el goce en el lugar del Otro como cuerpo? Podemos decirlo, en efecto, sin por ello tomar partido sobre la consistencia del fenómeno psicosomático. ¿Y qué cosa modifica en la práctica una aserción semejante sino que, como indica Lacan al final de su conferencia de Ginebra: "es por el sesgo del goce específico que él tiene en su fijación como siempre es preciso apuntar a abordar lo psicosomático"? Hay que buscar en la satisfacción el principio causal del congelamiento, de la holofrasis. Pues en este asunto el inconsciente no puede servir más que para transformar el fenómeno psicosomático en síntoma, obrando de tal modo que el Otro en cuestión ya no sea ahí solamente el cuerpo propio.

Para nosotros se trata entonces de mostrar por qué razón la respuesta psicosomática merecería llegar a ser una pregunta sobre el deseo.

* afánisis =

* holofrasis =

INDICE

I. LA LOGICA DEL SIGNIFICANTE

II. LACAN CLINICO

OTROS LIBROS DE PSICOANÁLISIS

Se imprimieron 1000 ejemplares en septiembre de 2003 en
Talleres Gráficos Leograf SRL,
Rucci 408, Valentín Alsina, Argentina